规模与国家治理现代化

从最优机构规模到适应治理规模

赖先进 ◎ 著

中国财经出版传媒集团

经济科学出版社
Economic Science Press

图书在版编目（CIP）数据

规模与国家治理现代化：从最优机构规模到适应
治理规模/赖先进著 . -- 北京：经济科学出版社，
2022.9
ISBN 978 - 7 - 5218 - 4021 - 6

Ⅰ.①规… Ⅱ.①赖… Ⅲ.①国家 - 行政管理 - 现代
化管理 - 研究 - 中国 Ⅳ.①D630.1

中国版本图书馆 CIP 数据核字（2022）第 171278 号

责任编辑：胡成洁
责任校对：靳玉环
责任印制：范 艳

规模与国家治理现代化：从最优机构规模到适应治理规模
赖先进 著
经济科学出版社出版、发行 新华书店经销
社址：北京市海淀区阜成路甲 28 号 邮编：100142
经管中心电话：010 - 88191335 发行部电话：010 - 88191522
网址：www. esp. com. cn
电子邮箱：expcxy@ 126. com
天猫网店：经济科学出版社旗舰店
网址：http：//jjkxcbs. tmall. com
北京季蜂印刷有限公司印装
710 × 1000 16 开 14 印张 200000 字
2022 年 9 月第 1 版 2022 年 9 月第 1 次印刷
ISBN 978 - 7 - 5218 - 4021 - 6 定价：76.00 元
（图书出现印装问题，本社负责调换。电话：010 - 88191510）
（版权所有 侵权必究 打击盗版 举报热线：010 - 88191661
QQ：2242791300 营销中心电话：010 - 88191537
电子邮箱：dbts@ esp. com. cn）

前　言

　　纵观全球，规模巨大是中国式现代化的首要特征，也是中国推进国家治理现代化的首要特征。由人口规模、国土面积规模、经济规模叠加形成的超大治理规模客观上影响着我国推进国家治理现代化的路径选择。超大规模对国家治理现代化的影响有哪些？在推进国家治理体系和治理能力现代化进程中，如何应对超大规模的影响？正确处理超大规模与国家治理现代化之间的关系，对于推进国家治理现代化具有重要的理论与现实意义。从理论研究看，尽管各个国家和地区的治理规模具有很大差异（比如，中国与太平洋岛国的规模差异达到 10 万多倍）①；但比较公共行政、比较政治相关理论研究并未系统性地考虑和研究规模差异这一背景性因素。系统性地研究和分析规模对治理的影响，有利于进一步丰富和完善比较行政和比较政治理论。

　　自从党的十八届三中全会把完善和发展中国特色社会主义制度、推进国家治理体系和治理能力现代化作为全面深化改革的总目标后，国内理论界对推进国家治理现代化进行了大量的深入研究。笔者通过对中国知网数据库论文成果的检索和分析，发现自 2014 年以来，国家治理现代化直接研究的论文成果每年发表在 500 篇左右；截至 2022 年 1 月，题目包含国家治理现代化的论文成果累计有近 5 000 篇；但在国内丰富的国家治理现代化理论研究成果中，从规模、超大规模角度，对国家治

---

① Marlene Jugl. Country size and public administration ［M］. Cambridge：Cambridge University Press，2022：1.

理现代化进行直接研究的成果尚不多见。现有的研究成果主要是一些相关的间接性研究，主要从三个路径展开：对政府规模的研究、对基层治理规模的研究、对国家治理规模的研究。相较于现有研究，本书直接从规模视角开展国家治理现代化研究，具有以下独到的学术价值和应用价值。

第一，从规模维度拓宽国家治理现代化理论研究。本书从超大规模角度，探寻国家治理现代化的理论创新。系统分析中国国家治理的超大规模特征，研究超大规模对国家治理现代化的影响，有利于为国家治理现代化理论研究提供更多的基础性、系统性理论支撑。从超大规模的视角分析国家治理现代化，是国家治理现代化理论研究必不可少的重要理论内容之一。从治理规模切入，推进政府规模理论创新，寻求最优规模到适应规模的理论创新。强化治理规模学术理念，推进长期以来的政府规模研究范式转变，为丰富和完善现有政治学、公共行政学、经济学政府规模理论提供探索与创新。

第二，从超大规模角度分析治理现代化，有利于以理论自信增强制度自信，促进国际传播。在坚持和完善中国特色社会主义制度、推进国家治理现代化过程中，容易出现"妄自菲薄"和"妄自尊大"两种不当的认知状态。之所以产生这两种不当的认识，一个重要原因是对我国超大治理规模的独特性认识分析不够。本书研究我国国家治理超大规模特征，分析其对国家治理现代化产生的影响，一方面，有利于加深社会对国家治理现代化个性的认识，以理论自信进一步牢固树立制度自信；另一方面，有利于为中国国家治理现代化个性提供超大规模的理论解释，对外进一步讲好中国制度故事，掌握治理研究的学术话语权，促进国际传播。

第三，提出解决国家治理现代化面临规模难题的机制性、对策性建议。作为超大规模国家，我国推进国家治理现代化进程中面临的现实问题、难题有不少是与超大规模直接相关的。习近平同志在党的十九届四中全会第二次全体会议上指出："完善和发展我国国家制度和国家治理

体系，必须坚持从国情出发、从实际出发"。① 超大治理规模是我国国
家治理现代化面临的最大外在客观实际。分析超大规模特征及其对国家
治理现代化的影响，提出应对超大规模的国家治理现代化路径和对策，
有利于为完善党领导国家现代化、党领导国家治理现代化提供本土化、
科学化的决策支撑。

　　本书在当代中国国家治理现代化理论视域下，从中国式治理现代化
的时空特征切入，分析了治理现代化的超大规模特征与治理机制；构建
了评价治理规模的标准——治理规模②指数（GSI），对全球 190 多个经济
体治理规模进行了科学的静态和动态比较分析，揭示了各个国家和地区
的治理规模差异；分别从治理资源配置、治理内部协调、治理专业化、
治理创新等维度出发，对治理规模的影响进行了探讨，主要的发现和观
点如下。

　　**第一，治理规模对治理资源配置具有显著影响，具有治理规模效
应**。在国家和地区治理中，机构、人员、财政是有效治理所需的关键性
资源保障。治理规模既是治理资源配置的基础，又是治理资源配置的基
本依据。治理规模越小，治理资源总量配置的能力也就越小；治理规模
越大，治理资源总量配置的能力也就越大（比如，卢森堡由于规模太小
而缺乏行政资源参加欧盟有关会议，将其在欧盟的投票权交给比利时行
使)③。从科学角度看，治理规模也是治理资源配置的科学依据。本书
运用计量经济方法，选择政府组织机构规模、社会组织数量规模、事业
单位规模、财政支出规模、人员规模等重要治理主体数量规模，进行了
相关影响因素的实证研究，为超大规模国家治理资源（机构、人员等）
配置科学化提供参考。

　　第二，治理规模对治理体系专业化具有显著影响，具有治理专业化

① 习近平. 坚持和完善中国特色社会主义制度 推进国家治理体系和治理能力现代化 [J]. 求
　　是，2020（1）：4－13.
② 治理规模是国家和地区治理的范围、大小。作为抽象的概念，国家治理规模可以具象化为
　　人口规模、面积规模、经济规模等。
③ Marlene Jugl. Country size and public administration ［M］. Cambridge：Cambridge University
　　Press，2022：1.

效应。治理效能是国家和地区善治共同追求的目标之一。在治理效能上，大中小治理规模的国家和地区各具优势。治理规模越小，就越容易具备沟通协调优势；治理规模越大，就越容易具备专业化、部门化的效能优势。超大规模国家治理效能在科层组织体制中获得了专业化的效能优势，具备韦伯式科层组织的专业化优点。本书在超大规模条件下，立足我国社会主义制度的治理优势，聚焦政策制定、行政执行等专业化领域，对分解谬误现象、合成谬误现象进行了系统性分析和展望。

第三，治理规模对治理体系内部协调产生深刻的影响，具有治理协同效应。从管理学角度看，国家和地区组织体系由治理层次和治理幅度构成。治理规模越小，国家和地区内部的治理层次和治理幅度就越少，治理体系内部协调越容易；治理规模越大，国家和地区的治理层次和治理幅度就越多，治理体系内部协调越困难。治理规模越大，治理体系越容易陷入官僚政治或筒仓效应①的困境。本书以北京这一超大城市治理为例，针对超大城市治理面临的内外协调问题，对其独具特点的强化城市治理整体性和协同性的治理路径进行了分析。

第四，治理规模对推进治理创新具有显著的影响，具有非对称创新效应。随着治理规模的增大，治理主体沿着既定道路和方向自我强化的惯性也会随之增大，制度发展面临的路径依赖效应也就越大。对于治理改革与治理创新，在治理主体推进治理创新意愿一定的条件下，治理规模越大，推进治理创新面临的路径依赖阻力也就越大；治理规模越小，推进治理创新面临的路径依赖阻力也就越小。"大有大的好处""大有大的难处"。立足我国超大治理规模的国情，只有持续深化改革，才能实现建设社会主义现代化强国。本书面向推进国家治理现代化的重大任务，从治理体系、治理结构、治理方式、执行力和治理能力、基层治理等角度，分析了超大规模对治理现代化路径的影响，以更好适应超大规模的基本特征、基本国情，进一步发挥国家治理现代化的规模优势。

---

① 筒仓效应（silo effect），指组织内部因缺少沟通，部门间各自为政，只有垂直的指挥系统，没有水平协同。

目　录

第一章
导论：当代国家治理
现代化理论对西方治理
理论的超越

自 2013 年党的十八届三中全会把完善和发展中国特色社会主义制度、推进国家治理体系和治理能力现代化列入全面深化改革总目标以来，习近平同志发表了系列关于推进国家治理体系和治理能力现代化的重要论述，提出了当代中国推进国家治理现代化的新思想、新观点、新论断。这些推进国家治理现代化的理论创新，不仅体现在对社会主义理论关于国家治理的理论创新、古今国家治理思想的理论创新中，还体现在对公共治理理论的理论创新中。从公共治理理论视域看，推进国家治理现代化语境中的治理，本质上不同于西方公共治理理论中的治理，而是以马克思主义为指导、植根中国大地、具有深厚中华文化根基的治理理论。当代中国推进国家治理现代化语境中的治理理论，从多个维度超越了西方治理理论，为我国推进国家治理现代化提供了强有力的理论指导。

一、"制度之治"国家治理概念论：以制度为中心推进国家治理现代化，超越了西方公共治理理论社会中心主义的界定

什么是国家治理体系？什么是国家治理能力？什么是国家治理现代化？这是中国推进国家治理现代化的基本理论概念。2013 年，习近平同志在党的十八届三中全会第二次全体会议上的讲话中对国家治理体系、国家治理能力进行了明确定义：国家治理体系是在党领导下管理国家的制度体系，包括经济、政治、文化、社会、生态文明和党的建设等

各领域体制机制、法律法规安排，也就是一整套紧密相连、相互协调的国家制度；国家治理能力则是运用国家制度管理社会各方面事务的能力，包括改革发展稳定、内政外交国防、治党治国治军等各个方面。[①]习近平同志进一步对国家治理体系和治理能力现代化进行了定义，指出：推进国家治理体系和治理能力现代化，就是要适应时代变化，既改革不适应实践发展要求的体制机制、法律法规，又不断构建新的体制机制、法律法规，使各方面制度更加科学、更加完善，实现党、国家、社会各项事务治理制度化、规范化、程序化。[②]从国家治理体系、国家治理能力、推进国家治理体系和治理能力现代化的定义看，当代中国国家治理现代化理论的主要立足点和关键词是制度之治。

推进国家治理现代化中的治理本质是运用制度进行的国家管理活动，体现以制度为中心推进国家治理现代化，超越了西方公共治理理论社会中心主义的界定。从英文语境看，治理的英文 governance 原意为"控制、引导和操纵"，后来长期与"统治"交叉使用，主要体现统治与管理的意蕴。但在 20 世纪 80～90 年代西方国家公共管理改革的背景下，西方学者赋予了 governance 一词以新的含义，治理与统治开始区分开来。此后，"governance"在许多场景和语境中得到广泛使用、大行其道，成为理论时髦词语。全球治理委员会在 1995 年发表的研究报告《我们的全球伙伴关系》中认为：治理是各种公共的或私人的个人和机构管理其共同事务的诸多方式的总和。从定义上看，尽管西方学者对治理概念存在多种界定，但几乎都存在共同的理论倾向，即在西方理论界，治理是一个社会中心主义理论范式。[③]在社会中心主义理论范式下，当论及 governance，西方理论界基本认为其是与政府管理、政府治理无关的活动。

---

①② 习近平. 切实把思想统一到党的十八届三中全会精神上来 [N]. 人民日报, 2014 – 01 – 01 (002).

③ 王浦劬. 推进国家治理现代化的基本理论问题 [J]. 中国党政干部论坛, 2021 (11)：10 – 17.

二、"一核多元"治理主体论：治理主体上，推进国家治理现代化强调治理的"一"与"多"结合，超越了西方"多中心"理论主张，形成了"一核多元"治理主体结构

在公共管理改革与创新过程中，应当由谁来治理，治理的主体应当是谁？这是治理理论研究、治理改革创新的基本问题。在这个问题上，西方公共治理理论普遍主张治理主体应走向多元化，强调"多"。结合我国国家治理、公共治理的实际，推进国家治理现代化语境中的治理在主体上超越了公共治理理论"多"的观点，首次强调"一"与"多"的结合，拓展了公共治理、国家治理的结构与主体。

强调多中心化是西方公共治理理论的基本特点。1992 年，国际上治理理论的创始人之一詹姆斯·N. 罗西瑙组织十名专家分析了"没有政府的治理"。[①] 1996 年，治理理论研究的代表人物之一、英国政治学教授罗兹（Rhodes R A W）指出，在西方理论界，"治理"一词至少有六种不同的用法：最小化的国家、公司治理、新公共管理、"良好治理"（或善治）、一种社会控制论体系、自组织网络。[②] 1998 年，治理理论研究的代表性人物之一、英国政治学教授斯托克认为，作为理论的治理有五个论点，首要论点是：治理是出自政府，但又不限于政府的一套机构和行为体。[③] 诺贝尔经济学奖获得者埃莉诺·奥斯特罗姆通过对渔业、森林、牧场、灌溉系统和地下水流域等公共事务治理的实证研究认为自我治理是可行的，多中心是公共治理之道。[④]

综合上述学者观点，在治理主体上，西方公共治理理论的一个基本观点是：区别于管理，治理应当打破政府单中心治理的格局，实现多中

---

① Rosenau James N, Czempiel Ernst-Otto. Governance without government: order and change in world politics [M]. Cambridge: Cambridge University Press, 1992.

② Rhodes R A W. The new governance: governing without government [J]. Political Studies, 1996, 44 (4): 652–667.

③ Stoker G. Governance as theory: five propositions [J]. International Social Science Journal, 2010, 50 (155): 17–28.

④ 埃莉诺·奥斯特罗姆. 公共资源的未来：超越市场失灵和政府管制 [M]. 北京：中国人民大学出版社，2015：10.

心化。从治理理论看，治理的主体可以是公共机构，也可以是私人机构，还可以是两者的组合。① 可以说，西方公共治理理论本质上强调去中心化或网络化的治理体系构建，模糊治理主体之间的边界。多中心化的治理主张有利于发挥政府以外社会各方的作用，改善公共治理，达成善治目标，但不可避免地存在内在的理论缺陷，即产生公共治理无中心、国家空心化现象，进而产生低效治理、无效治理。

在推进国家治理体系和治理能力现代化的场景和语境中，中国治理现代化在主体上区别于西方公共治理理论，主要的特点是强调"一"与"多"的结合，构建"一核多元"治理体系。

坚持党的全面领导，强化公共治理、国家治理的"一"。党的领导是中国特色社会主义最本质的特征和最大优势，这是中国治理体系建设的首要内容、核心内容。习近平同志在庆祝中国共产党成立100周年大会上的讲话中指出："办好中国的事情，关键在党。中华民族近代以来180多年的历史、中国共产党成立百年来的历史、中华人民共和国成立以来70多年的历史都充分证明，没有中国共产党，就没有新中国，就没有中华民族伟大复兴"。② 作为超大规模、巨型国家，只有强化党的领导，才能确保中国实现有效治理。习近平同志在党的十九届三中全会第二次全体会议上的讲话中指出："党政军民学，东西南北中，党是领导一切的。党是最高政治领导力量，党的领导是我们的最大制度优势。加强党对一切工作的领导，这一要求不是空洞的、抽象的，要在各方面各环节落实和体现。"③ 在党的十九届四中全会《中共中央关于坚持和完善中国特色社会主义制度、推进国家治理体系和治理能力现代化若干重大问题的决定》（以下简称《决定》）中，"坚持和完善党的领导制度体系"是中国部署推进国家治理现代化"十三个坚持和完善"的首要任务。

中国公共治理、国家治理的"一"还集中体现为维护党中央权威和集中统一领导。党的十九届四中全会《决定》指出：完善坚定维护

---

① 俞可平. 论国家治理现代化 [M]. 北京：社会科学文献出版社，2014：22.

② 习近平. 在庆祝中国共产党成立 100 周年大会上的讲话 [N]. 人民日报，2021 - 07 - 02 (002).

③ 习近平. 论坚持党对一切工作的领导 [M]. 北京：中央文献出版社，2019：11.

党中央权威和集中统一领导的各项制度。推动全党增强"四个意识"、坚定"四个自信"、做到"两个维护"，自觉在思想上政治上行动上同以习近平同志为核心的党中央保持高度一致，坚决把维护习近平同志党中央的核心、全党的核心地位落到实处。健全党中央对重大工作的领导体制，强化党中央决策议事协调机构职能作用，完善推动党中央重大决策落实机制，严格执行向党中央请示报告制度，确保令行禁止。健全维护党的集中统一的组织制度，形成党的中央组织、地方组织、基层组织上下贯通、执行有力的严密体系，实现党的组织和党的工作全覆盖。①

在社会治理、基层治理等层面，推进国家治理现代化不排斥社会的多元参与。党的十九届四中全会《决定》提出：完善党委领导、政府负责、民主协商、社会协同、公众参与、法治保障、科技支撑的社会治理体系，建设人人有责、人人尽责、人人享有的社会治理共同体。从社会治理体系和社会治理共同体建设的目标任务看，中国推进国家治理现代化也重视"多"的参与。党的十九届四中全会《决定》提出："构建基层社会治理新格局。完善群众参与基层社会治理的制度化渠道。健全党组织领导的自治、法治、德治相结合的城乡基层治理体系，健全社区管理和服务机制，推行网格化管理和服务，发挥群团组织、社会组织作用，发挥行业协会商会自律功能，实现政府治理和社会调节、居民自治良性互动，夯实基层社会治理基础"。推进国家治理现代化的基层社会治理任务部署，明确要求社会组织、群众等多元主体的参与。强调"一"与"多"的结合、构建"一核多元"的治理体系，既避免了西方治理理论多中心化陷入无中心的治理困境；也在社会治理、基层治理层面吸纳了政府以外社会治理主体的有效参与，凝聚起推进治理现代化的磅礴力量。

三、中国特色治理现代化道路论：超越普适性方案，强调立足国情，坚持和完善中国特色社会主义制度，走中国特色的治理现代化道路

在公共管理改革与创新过程中，应当走什么样的道路实现治理现代

---

① 中共中央关于坚持和完善中国特色社会主义制度 推进国家治理体系和治理能力现代化若干重大问题的决定 [N]. 人民日报，2019-11-06 (001).

化？在这个问题上，西方公共治理理论坚持西方中心主义的视角，认为治理是全球公共管理创新和发展的必然趋势、基本理论范式，主张发展中国家大力引进吸收，甚至简单模仿和复制。在西方理论界，治理（governance）理论在批判和继承新公共管理和重塑政府理论范式基础上产生发展。

从公共治理理论看，治理正成为全球公共管理改革创新的新理论范式。1887 年美国学者伍罗德·威尔逊发表"行政学研究"一文提出将行政学作为一门独立的学科来研究，标志着公共管理、公共行政学科正式从政治学中独立出来，成为独立学科。19 世纪 80 年代至 20 世纪 60 年代，公共管理学进入以政治与行政二分、科学管理、官僚制为主要理论范式的传统公共行政时期。20 世纪 60 年代至 20 世纪 80 年代，公共管理学科进入以摒弃官僚制等为主要理论范式的新公共行政时期。20 世纪 80 年代至 21 世纪初，公共管理学科在新公共管理改革浪潮下进入以管理主义为理论范式的新公共管理时期，在这一时期，以绩效管理、市场导向等理念重塑政府的公共管理研究范式得到广泛发展。21 世纪以来，随着宏观经济变化、技术进步等外部公共管理环境变化，公共管理改革与研究进入新浪潮。在批判和总结新公共管理理论的同时，公共管理理论界也逐渐提出了新的公共管理研究核心理念，其中，治理理念最有影响力。有学者认为，"新公共管理已死"，新公共管理的理论不再占据理论研究主导地位，而治理理论正好成为替代新公共管理理论范式，是治理改革与创新的普遍性理论选择。

我国推进国家治理现代化坚持从实际出发，在道路选择上强调中国特色，不盲目照搬照抄，体现了鲜明的治理现代化道路选择原创性。2014 年，习近平同志在省部级主要领导干部学习贯彻党的十八届三中全会精神全面深化改革专题研讨班开班式上指出："一个国家选择什么样的治理体系，是由这个国家的历史传承、文化传统、经济社会发展水平决定的，是由这个国家的人民决定的。我国今天的国家治理体系，是在我国历史传承、文化传统、经济社会发展的基础上长期发展、渐进改进、内生性演化的结果。我国国家治理体系需要改进和完善，但怎么改、怎么完善，我们要有主张、有定力。[①]"习近平同志首次对国家治理体系选择的影响因素进行了总结，主要的影响因素有：历史传承、文化传统、经济社会发展水平。在影响因素总结基础上，强调了中国治理现代化道路选择的要有主张、有定力。无论是全面深化改革总目标的表述，还是党的十九届四中全会《决定》对重大问题的部署，推进国家治理体系和治理能力现代化，都与中国特色社会主义制度紧密结合。推进国家治理现代化是在坚持和完善中国特色社会主义制度的道路上进行的。

在评价上，推进国家治理现代化强调从本国人民角度对制度和治理的有效性进行评价。习近平同志反复强调："鞋子合不合脚，只有穿的人才知道。中国特色社会主义制度好不好、优越不优越，中国人民最清楚，也最有发言权"。2014 年，习近平同志在庆祝全国人民代表大会成立 60 周年大会上指出："评价一个国家政治制度是不是民主的、有效的，主要看国家领导层能否依法有序更替，全体人民能否依法管理国家事务和社会事务、管理经济和文化事业，人民群众能否畅通表达利益要求，社会各方面能否有效参与国家政治生活，国家决策能否实现科学化、民主化，各方面人才能否通过公平竞争进入国家的领导和管理体系，执政党能否依照宪法法律规定实现对国家事务的领导，权力运用能否得到有效制约和监督。"

相比而言，西方公共治理理论忽视了本国人民评价，侧重把程序性标准、形式标准作为公共治理理论善治的普遍化主标尺。在治理效果评价上，什么是好的治理（即善治）？西方治理理论对"善治"的评价标准主要有：合法性、公开透明、民主、回应等。相对而言，这些标准比较强调程序标准或形式标准，这是由西方社会、西方国家治理的国情、民情所决定的。在西方社会中，"程序先于权利""正义不仅应当得到实现，而且要以人们看得见的方式加以实现""程序是法治和恣意而治的分水岭"等谚语表明，西方公共治理的底色是强调程序、形式。这些

---

① 中共中央文献研究室 . 习近平关于全面深化改革论述摘编［M］. 北京：中央文献出版社，2014：21.

程序性、形式性的标准成为其公共治理有效性的衡量标尺。

在治理现代化的总目标上，推进国家治理现代化与国家现代化建设同步推进、分阶段安排和部署。2017 年，党的十九大在决胜全面建成小康社会、开启全面建设社会主义现代化国家新征程的时代坐标中，做出了"两个十五年"战略安排：从 2020 年到 2035 年，基本实现社会主义现代化；从 2035 年到 21 世纪中叶，建成社会主义现代化强国。2019 年，党的十九届四中全会《决定》提出了坚持和完善中国特色社会主义制度、推进国家治理体系和治理能力现代化的总体目标："到我们党成立一百年时，在各方面制度更加成熟更加定型上取得明显成效；到二〇三五年，各方面制度更加完善，基本实现国家治理体系和治理能力现代化；到新中国成立一百年时，全面实现国家治理体系和治理能力现代化，使中国特色社会主义制度更加巩固、优越性充分展现"。① 从我国国家现代化的战略安排、推进国家治理现代化的总目标看，治理现代化坚持走中国特色治理现代化道路分三个阶段，在基本实现和全面实现上与国家现代化同步推进。

四、系统推进论：超越治权局限，强调政权建设和治权建设的结合、系统推进，致力于构建系统完备、科学规范、运行有效的制度体系

治理在中西方的主要实践应用场景在哪里？该问题直接关系到治理理论的实践指向。西方公共治理理论发源于西方公共事务治理改革创新实践，主要的应用场景是社会性公共事务所集中的社会治理、政府治理领域，是典型的治权建设。但是，推进国家治理现代化的制度建设实践包括改革发展稳定、内政外交国防、治党治国治军等各个方面，实现了政权建设、治权建设的结合，中国式治理大大拓展了治理的实践应用场景。

---

① 中共中央关于坚持和完善中国特色社会主义制度 推进国家治理体系和治理能力现代化若干重大问题的决定 [N]. 人民日报, 2019 – 11 – 06 (001).

公共治理理论的主要实践场景局限于公共事务治权领域，是对治理体系表层、外层进行的调整和优化。西方公共治理理论本质是西方理论界在不改变西方政治制度、治理体制前提下对公共事务的治理改革，本质是公共事务治权建设的理念，不涉及治权之上的政权。比如，多中心治理概念的产生和应用场景多数是在灌溉等公共资源管理领域。诺贝尔经济学奖获得者埃莉诺·奥斯特罗姆通过对渔业、森林、牧场、灌溉系统和地下水流域等公共事务治理的实证研究认为自我治理是可行的，多中心是公共治理之道。新公共管理概念的产生和应用场景多数是在政府管理、公共服务领域。这些公共治理的主要概念和主张均不涉及西方议会体制、国家治理体制的完善和重构。从上下关系看，西方公共治理理论强调自下而上的改革与创新。治理理论改变了新公共管理理论视域下政府自上而下、由内而外进行改革的路径，倡导在社会层面的参与、社会自下而上的改革创新。

我国国家治理现代化致力于构建系统完备、科学规范、运行有效的制度体系，全方位实现了政权建设、治权建设的结合，体现了鲜明的系统推进性特征。

第一，从治理现代化实践的内容看，制度建设覆盖政权建设与治权建设多个系统性领域。党的十九届四中全会对坚持和完善中国特色社会主义制度、推进国家治理体系和治理能力现代化若干重大问题进行了研究。从推进国家治理现代化涉及的制度层次看，坚持和完善中国的根本制度、基本制度和重要制度，既有政权建设相关的制度建设内容，也有治权建设领域的制度建设内容。从提出的 13 个"坚持和完善"的重大任务看，推进国家治理现代化既有党的领导制度体系、人民当家做主制度体系、法治体系、行政体制、军队绝对领导制度体系等政权建设内容，也有社会治理制度、民生保障制度、生态文明制度体系等治权建设内容。

第二，在治理理念和改革理念上，推进国家治理现代化强调系统观念、系统治理，着力提高改革的系统性、整体性和协同性。在治理理念上，推进国家治理现代化坚持系统观念，强化系统思维，强调加强系统治理、依法治理、综合治理、源头治理，把我国制度优势更好转化为国家治理效能。全面深化改革是推进国家治理体系和治理能力现代化的手段。相比以往改革实践，新时代全面深化改革不是推进一个领域改革，也不是推进某几个领域改革，而是系统性推进所有领域改革，对改革的系统性、整体性和协同性要求更高。习近平同志在关于《中共中央关于坚持和完善中国特色社会主义制度　推进国家治理体系和治理能力现代化若干重大问题的决定》的说明中指出："相比过去，新时代改革开放具有许多新的内涵和特点，其中很重要的一点就是制度建设分量更重，改革更多面对的是深层次体制机制问题，对改革顶层设计的要求更高，对改革的系统性、整体性、协同性要求更强，相应地建章立制、构建体系的任务更重。"①

第三，从上下关系看，推进国家治理现代化强调自上而下的有序实施，也注重自下而上的创新探索。习近平同志在党的十九届四中全会第二次全体会议上讲话中强调："各地区各部门各单位进行制度创新和治理能力建设既要积极主动，又要遵循党中央统一部署和国家法律制度规定，不能不讲规制，不能不守章法，更不能草率行事"。② 这表明，推进国家治理现代化要自上而下有序实施。同时，习近平同志在党的十九届四中全会第二次全体会议上讲话中也指出："要鼓励基层大胆创新、大胆探索，及时对基层创造的行之有效的治理理念、治理方式、治理手段进行总结和提炼，不断推动各方面制度完善和发展"。③ 这表明，推进国家治理现代化需要自下而上的探索与实践。

五、制度执行力与治理能力提升论：国家治理现代化超越社会化提升路径，强调提高制度执行力和治理能力，丰富公共治理、国家治理效能提升的路径

如何提升公共治理、国家治理效能，是中西方理论研究共同关注的问题。针对这个问题，西方公共治理理论主张用民营化、市场化、社会

---

① 习近平. 关于《中共中央关于坚持和完善中国特色社会主义制度　推进国家治理体系和治理能力现代化若干重大问题的决定》的说明 [N]. 人民日报, 2019 - 11 - 06 (004).

②③ 习近平. 坚持和完善中国特色社会主义制度　推进国家治理体系和治理能力现代化 [J]. 求是, 2020 (1)：4 - 13.

化等来自私营部门的技术方法改造公共部门，提升管理绩效，从而改善治理效能。推进国家治理现代化强调治理体系与治理能力体系的结合，在推进制度体系和治理体系建设的同时，加强治理能力建设，把制度优势转化为治理效能，进一步丰富和发展了公共治理效能提升、国家治理效能提升的路径。

治理体系市场化、社会化是西方公共治理效能提升的路径。20世纪80年代以来，西方国家掀起了以民营化为主要特征的"新公共管理运动"，用市场化、社会化的办法来提升政府公共治理效能。盖伊·彼得斯认为，欧洲理论界延续了新公共管理运动的理论主张，把治理描述为"没有政府的治理"，也强调网络、伙伴关系和市场（尤其是国际市场）的重要性。[①] 治理、新公共管理都是应用商业管理和其他学科的理论和实践来提高现代官僚机构公共服务的效率、有效性和绩效。[②] 在公共治理理论研究中，虽然西方学者提出了公共价值治理等不同于新公共管理的理论观点，但在治理实现路径上同样主张民营化、社会化、市场化。

此外，西方公共治理理论在制度化法治化治理实践之外更倾向于主张"非正式的、非政府的机制"，采用社会化机制提升治理效能（包括社会自组织）。1992年，治理理论创始人之一詹姆斯·N.罗西瑙在著作《没有政府的治理》中把治理的定义为：虽未获得正式授权，却有效发挥作用的管理机制。1995年，全球治理委员会发布的报告认为：治理是公共和私营部门管理其共同事务的各种方法的综合，既包括正式的制度安排也包括非正式的制度安排。从这些定义看，治理的实现方式在西方公共治理理论语境下强调非正式的制度安排。

推进国家治理现代化立足治理体系自身，强调提高制度执行力和治理能力，把制度优势转化为治理效能。推进国家治理现代化把提高治理能力作为效能提升的立足点，不仅推进制度和治理体系现代化，而且推

---

① B Guy Peters et al. Governance without government? Rethinking public administration [J]. J Public Adm Res Theory, 1998, 8 (2)：223 – 243.

② Khatun F. New public management and governance [M]//Farazmand A et al. Global encyclopedia of public administration, public policy, and governance. Cham：Springer, 2001.

进治理能力的现代化。推进国家治理现代化的完整表述是"推进国家治理体系和治理能力现代化"，可以看出，治理能力现代化是国家治理现代化的不可或缺的重要内容。2014 年，习近平同志在省部级主要领导干部学习贯彻十八届三中全会精神全面深化改革专题研讨班开班式上讲话指出：国家治理体系和治理能力是一个国家的制度和制度执行能力的集中体现，两者相辅相成。① 相比而言，在推进国家治理现代化语境下，市场化、社会化仅仅是优化社会治理和政府治理的手段之一、举措之一，并不是国家治理现代化的主要策略和方式。提高治理能力，进而强化治理效能，能够有效避免陷入西方国家政府 20 世纪 80 年代以来掀起新公共管理运动造成"国家空心化"的困境。

既推进制度和治理体系现代化，又提高制度执行与治理能力，体现着现代化进程中制度与人关系的科学处理、协同处理。从政治学理论看，现代化进程中制度与人存在内在的矛盾。在现代化进程中，到底先建构制度、实现制度的现代化，还是先提高人的能力、实现人的现代化？这些问题对于后发国家现代化而言，是一个难题。如果制度现代化实现但人的能力跟不上，现代化的制度就会陷入难以执行的局面。如果人的现代化优先实现，制度跟不上，就会导致不稳定。亨廷顿的政治发展理论认为，"发展中国家出现政治动荡的原因在于高频率的社会动员、政治参与导致人们的过高期望，形成了对政治体系的超负荷压力，由于没有健全的、制度化的体系加以疏导，这种期望就会变成强烈的社会挫折感，从而转化为不稳定的暴力。"一些发展中国家发生动荡的教训表明，在现代化进程中，必须处理好人与制度的关系。中国国家治理现代化包含治理体系与治理能力的现代化，既强调制度现代化，也强调治理能力的现代化，是对国家现代化进程制度与人关系的原创性理论安排。

提高制度执行力和治理能力，创新了公共治理能力建设的路径和方式。党的十九届四中全会《决定》指出："各级党委和政府以及各级领导干部要切实强化制度意识，带头维护制度权威，做制度执行的表率，

① 中共中央文献研究室. 习近平关于全面深化改革论述摘编［M］. 北京：中央文献出版社，2014，28.

带动全党全社会自觉尊崇制度、严格执行制度、坚决维护制度。健全权威高效的制度执行机制，加强对制度执行的监督，坚决杜绝做选择、搞变通、打折扣的现象"。我国推进国家治理现代化的本质是制度之治，更加强调正式制度建设、正式制度执行。相比而言，从制度的角度看，公共治理理论提升治理效能主要采用借力模式，运用市场化、社会化手段向市场和社会借力，提高治理效能。背后的前提和假设是制度执行完全到位。提高制度执行力和治理能力，为公共治理能力建设提供了新的视角和路径，即制度执行力视角。提高制度执行力和治理能力的世界性意义和贡献是：公共治理能力提升，不仅要向市场化、社会化借力，也要提高制度本身的执行力。

本 章 小 结

当代中国推进国家治理现代化的理论创新，实现了对西方公共治理理论的超越，包括"制度之治"国家治理概念论、"一核多元"治理主体论、中国特色治理现代化道路论、系统推进方法论、制度执行力与治理能力提升论。

自党的十八届三中全会提出完善和发展中国特色社会主义制度、推进国家治理体系和治理能力现代化目标以来，习近平同志发表了系列关于推进国家治理体系和治理能力现代化的重要论述，提出了许多当代中国推进国家治理现代化的新思想、新观点、新论断。这些理论创新，立足中国国情，彰显中国特色和时代特点，实现了对西方公共治理理论的超越，主要理论有："制度之治"国家治理概念论、"一核多元"治理主体论、中国特色治理现代化道路论、系统推进方法论、制度执行力与治理能力提升论。这些理论创新，既超越了西方公共治理理论，又总结和凸显了中国推进国家治理现代化的特性，构成了中国治理现代化的理论指南。

第二章
国家治理现代化的时空
特征、治理机制

中国式现代化蕴含了许多重要的个性特征，主要包括：人口规模巨大、全体人民共同富裕、物质文明和精神文明相协调、人与自然和谐共生、走和平发展道路等。从个体与整体关系看，作为中国现代化的重要组成，中国治理现代化（即推进中国国家治理体系和治理能力现代化）必然具备个性特征。从经济基础与上层建筑关系看，发展层面的中国现代化具备个性特征，必然也决定制度层面中国治理现代化必然具备个性特征。中国治理现代化的个性特征是什么？在治理体系、治理方式、治理理念等软性内在特征之外，中国治理现代化的外部硬性特征是什么？在治理现代化进程中，如何应对这些外部硬性特征？本章试图从时空结构角度切入，对中国治理现代化的独特外在个性特征和治理机制进行探索与分析，以此加深对推进国家治理现代化个性的认识和理解，增强制度自信，并提出进一步提升治理能力的优化策略。

一、分析中国治理现代化特征须进行逻辑转换

自 2013 年党的十八届三中全会把"完善和发展中国特色社会主义制度、推进国家治理体系和治理能力现代化"作为全面深化改革的总目标后，理论界对推进国家治理现代化进行了大量的深入研究，形成了丰富的国家治理现代化相关理论研究成果。中国知网数据库显示，国内围绕国家治理现代化研究发表的学术论文从 2013 年的 200 多篇增长到 2014 年的 1 500 多篇，2020 年、2021 年发表论文数量年均保持在 1 500

篇左右。纵观国内外中国国家治理、国家治理现代化研究，有不少研究成果直接或间接地对中国国家治理、国家治理现代化的个性进行了分析，主要集中在三个视角。

（1）对个性的研究集中体现在中国治理的概念特性上。有学者从治国理政的角度分析中国治理概念的个性，认为中国国家治理是中国共产党领导人民科学、民主、依法和有效地治国理政。[①] 有学者从合作的维度分析中国治理概念的个性，认为国家治理的概念是在扬弃国家统治与国家管理两个概念基础上提出的一个新概念，是国家政权的所有者、管理者和利益相关者等多元行动者在一个国家的范围内对社会公共事务的合作管理。[②]

（2）分析治理方式的特征也是国家治理个性研究的重要方向。政治学、公共管理、法学、社会学、经济学、历史学等不同学科都分别提出了不少有影响力的观点。有政治学学者认为，执政党主导和组织化调控是新中国国家治理体系的本质特征。[③] 有法学学者认为，软法在推进国家治理现代化的重要作用，软法的形式包括：公法的基本原则、已经形成和正在形成的宪法和行政法惯例、执政党的党内法规等。[④] 有社会学学者总结了中国国家治理体系中的新机制——项目制。[⑤] 有历史学学者认为，上下分治的治理体制是中国治理体制的基本特征。[⑥] 在治理方式个性上，许多国外学者围绕中国研究、中国经济增长的解释和分析也提出了富有影响力的观点。韩博天等（Sebastian Heilmann et al.）国外学者从政策试验的角度，把中国经济治理的成功归纳为"等级制度下的

[①] 王浦劬. 国家治理、政府治理和社会治理的含义及其相互关系 [J]. 国家行政学院学报，2014（3）：11 – 17.

[②] 何增科. 理解国家治理及其现代化 [J]. 马克思主义与现实，2014（1）：11 – 15.

[③] 唐皇凤. 新中国 60 年国家治理体系的变迁及理性审视 [J]. 经济社会体制比较，2009（5）：24 – 32.

[④] 姜明安. 软法在推进国家治理现代化中的作用 [J]. 求是学刊，2014，41（5）：79 – 89.

[⑤] 渠敬东. 项目制：一种新的国家治理体制 [J]. 中国社会科学，2012（5）：113 – 130.

[⑥] 曹正汉. 中国上下分治的治理体制及其稳定机制 [J]. 社会学研究，2011，25（1）：1 – 40.

政策试验"。① 贝淡宁（Daniel A. Bell）等国外学者认为"贤能政治"是中国创立的真正新颖的治理模式。②

（3）研究中国推进国家治理现代化方向的个性。在治理现代化方向上，有学者认为，国家治理体系和治理能力现代化就是要使国家的治理体系和治理能力适应现代社会发展的要求。③ 有学者认为中国治理现代化本质上是政治权力与公民权利良性互动关系的构建和优化。④⑤ 此外，也有一些学者对中国治理现代化的共性进行了分析，主要集中在治理方式的共性上，包括把法治作为国内外治理方式共性特征、把共治作为国内外治理方式共性特征、把数字治理作为国内外治理方式共性特征等。

现有理论为研究中国治理现代化及其个性特征奠定了丰富的理论基础，但对国家治理现代化个性分析也存在以下局限和不足。第一，对中国治理现代化的个性特征缺乏提炼和总结。相对于中国现代化作为政治话语、理论话语蓬勃发展，中国治理现代化概念尚未破题和明确提出。第二，多数关注中国国家治理及其现代化的某一具象特征，个性分析的系统性、整体性不强，难以窥得中国国家治理现代化个性特征的全貌。第三，多数理论聚焦国家治理体系、国家治理方式、国家治理现代化的内在特征、软性特征进行分析，缺少对国家治理现代化的外在特征、硬性特征分析。本书创新国家治理现代化个性分析的逻辑，从时空结构这一外在客观特征入手，进一步揭示中国治理现代化应对时空特征的治理机制，系统提炼中国治理现代化的个性特征。

二、中国治理现代化的时空结构分析：超大规模与高度压缩

任何治理体系的运行都离不开外部环境和条件；其中，时空环境结

---

① Sebastian Heilmann et al. Policy experimentation in China's Economic Rise [J]. St Comp Int Dev, 2008（43）：1 – 26.
②③④ 贝淡宁. 中国政治模式：贤能还是民主 [J]. 中央社会主义学院学报，2018（4）：46 – 51.
⑤ 王浦劬. 推进国家治理现代化的基本理论问题 [J]. 中国党政干部论坛，2021（11）：10 – 17.

构是国家治理体系结构中不可忽视的外部结构。戴维·伊斯顿在其政治系统理论中认为，政治系统是一个开放的系统，它受到环境的影响。在国家治理体系环境中，时间与空间是两个基本的环境结构。时空结构是中国社会发展的结构，[①] 时空结构也构成中国国家治理的结构。我国推进国家治理体系和治理能力现代化可从马克思主义时空观视角得到较好的阐释和分析。[②]

（一）中国治理现代化的空间特征：超大规模

从空间结构看，超大规模是我国国家现代化、国家治理现代化不同于其他国家的重要环境特征。首先，我国拥有世界第一的人口规模。人口规模巨大，不仅是中国治理现代化的重要特征，也是中国治理现代化的个性特征。其次，我国还拥有世界第三的国土面积。大国治理不同于小国治理，疆域辽阔决定了中国治理现代化拥有超大规模的治理半径。此外，我国也是世界上邻国最多的国家（20 个邻国，其中陆上 14 个邻国，6 个海上邻国）。再次，我国拥有世界第二的经济总量[③]规模。这些国家治理的规模差异性、特殊性，直接塑造着国家治理及其现代化的个性。尤其是，由人口规模、国土面积规模、经济规模叠加后形成的我国综合治理规模在全球范围内是首屈一指的。在全球范围内，我国是唯一同时符合人口规模超 10 亿、国土面积超过 500 万平方千米、经济总量超过 10 万亿美元的超大规模国家（见表 2 - 1）。

（二）中国治理现代化的时间特征：高度压缩

从时间结构看，高度压缩是我国国家现代化、国家治理现代化的外部特征。我国国家现代化建设在时间上具有高度压缩特征，用改革开放以来数十年时间完成了西方国家几百年才能完成的现代化转型任务（包括工业化、城市化等）。我国治理现代化建设同样具有时间高度压缩的

①　景天魁. 中国社会发展的时空结构 [J]. 社会学研究，1999（6）：13.
②　任德新，楚永生，陆凯旋. 时空观视角：国家治理体系和治理能力现代化的阐释 [J]. 江苏社会科学，2017（4）：6.
③　如果按照购买力评价方式计算，中国拥有世界第一的 GDP 规模。

表 2 - 1　　　全球各国国土面积规模、GDP 规模、人口规模排名

国土面积超 500 万平方千米的国家排名		GDP 超 1 万亿美元的国家排名		人口超 1 亿人口的国家排名	
国家	国土规模（平方千米）	排名	国家	GDP 规模（万亿美元）	排名	国家	人口规模（亿）	排名
俄罗斯	17 098 250	1	美国	20.9	1	中国	13.98	1
加拿大	9 879 750	2	中国	14.7	2	印度	13.66	2
中国	9 600 012.9	3	日本	4.9	3	美国	3.28	3
美国	9 370 000	4	德国	3.8	4	印度尼西亚	2.71	4
巴西	8 515 770	5	英国	2.7	5	巴基斯坦	2.17	5
澳大利亚	7 741 220	6	印度	2.6	6	巴西	2.11	6
			法国	2.6	7	尼日利亚	2.01	7
			意大利	1.9	8	孟加拉国	1.63	8
			加拿大	1.6	9	俄罗斯	1.44	9
			韩国	1.6	10	墨西哥	1.28	10
			俄罗斯	1.5	11	日本	1.26	11
			巴西	1.4	12	埃塞俄比亚	1.12	12
			澳大利亚	1.3	13	菲律宾	1.08	13
			西班牙	1.3	14			
			墨西哥	1.1	15			
			印度尼西亚	1.1	16			

　　数据来源：世界银行，由 EPS DATA 整理。国土面积数据时间为 2018 年，美国国土面积采用 1996 年之前公布数据；人口数据时间为 2019 年；GDP 数据时间为 2020 年。

个性特征。一方面，我国治理现代化建设时间尺度高度压缩。我国国家治理现代化命题的正式提出始于 2013 年党的十八届三中全会。党的十九届四中全会在推进国家治理现代化总目标设定上，进行了具有同步性的阶段化部署。到 2035 年基本实现国家治理现代化、2050 年实现国家治理现代化，中国治理现代化的时间尺度仅为西方主要国家制度成熟时间尺度的一半（见表 2 - 2）。另一方面，时间刻度上，中国治理现代化是在信息化、数字化时代推进和实施。西方国家政治现代化主要完成于

信息化、数字化时代之前；我国推进国家治理现代化是在人类社会进入信息化、数字化时代之后，互联网、信息化、数字化是我国国家治理现代化建设面临的独特环境。

表 2 - 2　　　　中西方主要国家制度成熟时间尺度的比较

国家	起步时间点	完成时间点	时间尺度
美国	1775 年开始独立战争	1865 年南北战争后稳定	90 年
英国	1640 年发生资产阶级革命	1688 年形成君主立宪制的更长时间	48 年或更长时间
法国	1789 年发生资产阶级革命	1870 第三共和国成立	80 多年
日本	1868 年开始明治维新	第二次世界大战结束	77 年
中国	2013 年正式提出推进国家治理现代化	2030 年基本实现，2050 年实现	17 ~ 37 年

注：西方国家制度成熟时间来源于 2014 年 2 月习近平同志在省部级主要领导干部学习贯彻十八届三中全会精神全面深化改革专题研讨班上的讲话。

三、应对独特时空结构的主要治理机制

一个国家选择什么样的治理体系，是由这个国家的历史传承、文化传统、经济社会发展水平决定的。[①] 面对独特的时空结构，推进治理现代化如何适应外部环境和条件？在国家治理体系的软性特征中，结合党的十八大以来推进国家治理现代化的实践，我国形成了应对独特时空结构的结构性制度安排，主要表现为以下方面。

（一）"一核多元"横向组织机制，实现超大规模治理的有效整合

习近平同志指出："国家治理体系是由众多子系统构成的复杂系统。这个系统的核心是中国共产党，党是领导一切的，人大、政府、政协、法院、检察院、军队，各民主党派和无党派人士，各企事业单位，工

---

① 习近平. 切实把思想统一到党的十八届三中全会精神上来［N］. 人民日报，2014 - 01 - 01（002）.

会、共青团、妇联等群团组织，既各负其责，又相互配合，一个都不能少"。① 这表明，我国国家治理体系是一个在党的领导下"一核多元"结构。相比而言，西方国家治理体系中，无论是议会制国家，还是总统制国家、半总统制国家，立法机关、行政机关或司法机关是主要的组织体系，呈现"两元"或"三元"甚至"多元"的治理结构（见表2-3）。

表2-3　　　　　　　　　　西方国家典型的治理体制与结构

治理体制	治理体制的主要权力结构	典型国家	国家数量（个）
总统共和制（总统制）	以总统为首的行政机关、以国会为首的立法机关、以最高法院为首的司法机关（"三元结构"）	美国	47
半总统共和制	以总统、政府首脑双首长为代表的行政机关、议会（"两元结构"）	法国	23
议会制君主立宪制	以政府首脑为代表的行政机关与立法机关（"两元结构"）	英国、日本	14
二元制君主立宪制	君主与立法机关（"两元结构"）	科威特	5
议会制共和制	议会、以政府首脑为代表的行政机关（"两元结构"）	德国、意大利	54

资料来源：相应治理体制的国家数量来源于维基百科，2022。

何为"一核"？"一核"主要指横向组织体系的领导核心。中国共产党是中国特色社会主义事业的领导核心。"中国共产党是中国特色社会主义事业的领导核心，所以必须加强和改善党的领导，充分发挥党总揽全局、协调各方的领导核心作用。"② 党中央是中国治理体系的领导核心。中国共产党中央委员会、中央政治局、中央政治局常委是中国治理体系的领导决策核心。"中央委员会，中央政治局，中央政治局常委

---

① 中共中央文献研究室. 习近平关于社会主义政治建设论述摘编 [M]. 北京：中央文献出版社，2017：189.

② 习近平. 论坚持党对一切工作的领导 [M]. 北京：中央文献出版社，2019：5.

会，这是党的领导决策核心。党中央做出的决策部署，党的组织、宣传、统战、政法等部门要贯彻落实，人大、政府、政协、法院、检察院的党组织要贯彻落实，事业单位、人民团体等的党组织也要贯彻落实，党组织要发挥作用。"① 在党的十八届六中全会正式提出"以习近平同志为核心的党中央"后，党的十九届六中全会确立习近平同志党中央的核心、全党的核心地位，确立习近平新时代中国特色社会主义思想的指导地位。

何为"多元"？"多元"是横向组织体系的多个组织单元。第一，国家组织体系的多个其他组织体系单元，包括政府治理体系、武装力量体系、群团工作体系等。第二，国家规则体系、制度体系的多元子体系。组织体系结构的"一核多元"个性特征，决定了规则体系、制度体系也存在"一核多元"的个性特征。党的十九届四中全会对于坚持和完善中国特色社会主义制度、推进国家治理体系和治理能力现代化作出了 13 个"坚持和完善"的重大部署，除首个"坚持和完善"——坚持和完善党的领导制度体系外，其他"坚持和完善"均构成我国制度体系的多元子体系。第三，国家治理体系的多元主体。党的十九届四中全会明确指出：通过完善制度保证人民在国家治理中的主体地位。在党的领导下，政府、社会、公众等都是国家治理体系的多元主体。党的十九届六中全会通过的《中共中央关于党的百年奋斗重大成就和历史经验的决议》在总结中国共产党百年奋斗的历史经验指出，把党的领导落实到党和国家事业各领域各方面各环节。在"一核多元"国家横向组织体系中，"一核"与"多元"存在领导与被领导关系，在中国治理现代化进程中是全过程、立体化的领导与被领导关系。

（二）"上下贯通"纵向组织机制，实现超大规模治理的有效执行

从纵向组织结构的角度看，我国形成了"上下贯通"的纵向组织体系。比较而言，西方国家中央政府与地方政府、基层政府纵向组织体系结构各异、治理职责体系各异，没有实现上下贯通。尤其是在联邦制

---

① 习近平. 论坚持党对一切工作的领导 [M]. 北京：中央文献出版社，2019：7.

国家，以美国为例，联邦政府、州和地方政府之间不具备行政隶属和统属关系。我国国家治理体系从宏观到微观都体现着以权威为中心、等次分布的同构性治理结构。社会学家费孝通曾提出中国社会著名的"差序格局"，即中国社会是以自己为中心像水波纹一样推及开的社会格局。像社会"差序格局"一样，国家治理体系也是以权威为中心推及开的治理格局，只不过这种格局是有权威等次差异、有治理职责分工的差距格局，这种差距同构式治理结构贯通于各类公共组织。

中国治理现代化在纵向组织体系上具有以下"上下贯通"特点。

（1）上下机构设置基本对应。省、市、县各级涉及党中央集中统一领导和国家法制统一、政令统一、市场统一的机构职能要基本对应，明确同中央对口的组织机构，确保上下贯通、执行有力。①

（2）上下机构职责与职能配置基本对应。在治理体系中，党委及其职能部门、人大、政府及其职能部门、政协、法院、检察院、群团组织及部分事业单位（气象局、党校等），都建立了自上而下、基本对应的职能体系、工作体系。其中，党组织的纵向治理体系直接延伸到村（社区）并有效嵌入各类基层组织，形成了我国推进基层治理现代化和社会治理现代化的独特结构性优势。

（3）建立了"上下贯通"的领导指挥关系。我国的纵向组织体系是一个从中央到地方（含省级、地级、县级、乡镇级）、自上而下具有领导与被领导关系的多层级治理结构。其一，在多层级治理结构中，上级党组织与下级党组织存在领导与被领导关系。《党章》在组织制度中确定民主集中制的基本原则明确要求"下级组织服从上级组织，全党各个组织和全体党员服从党的全国代表大会和中央委员会"。其二，上级政府与下级政府存在领导与被领导关系。《宪法》第八十九条明确："国务院统一领导全国地方各级国家行政机关的工作，规定中央和省、自治区、直辖市的国家行政机关的职权的具体划分"。《中华人民共和国地方各级人民代表大会和地方各级人民政府组织法》第五十五条规定："地方各级人民政府对本级人民代表大会和上一级国家行政机关负

---

① 中共中央印发《深化党和国家机构改革方案》［N］. 人民日报, 2018-03-22（001）.

责并报告工作。全国地方各级人民政府都是国务院统一领导下的国家行政机关,都服从国务院。"其三,上级监委与下级监委存在领导与被领导关系。《监察法》第十条规定:"国家监察委员会领导地方各级监察委员会的工作,上级监察委员会领导下级监察委员会的工作。"

(三)"和合会通"规则机制,实现超大规模治理的规范化、制度化

在制度规则体系层面,我国国家治理体系也具有鲜明的个性特征。西方主要工业化国家制度体系主要表现为法律体系,是强调"分别独立"的制度体系结构(法律体系结构)。我国制度体系结构则是"和合会通"①式的系统性、整体性结构。首先,制度体系包含党内法规体系、国家法律法规体系。党的十八届四中全会明确了党内法规是中国特色法治体系的重要组成部分。从国际比较的角度看,"党法"与"国法"并存,是我国法治体系结构、制度体系的重要个性特征。从数量看,党内法规与国家法律法规共计2.2万件,其中党内法规占比为近18%;法律法规占比为84%(见表2-4)。其次,制度体系包含法治体系、政策体系。在制度执行过程中,大量的制度体系表现为政策文件。以国务院为例,通过对国务院政策文件库②的查询,国务院政策文件、国务院部门政策文件分别为5 733件、8 318件,文件内容包含"制度"的件数分别为2 821件、3 232件。再次,制度体系包含正式制度体系与非正式制度体系。在长期社会生活和工作中形成的习惯、社会规范在规则体系中占有一席之地。在官僚体制中,非正式制度具有再生产机制。③ 最后,制度体系建设包含变与不变的结合,实现守正创新。中国治理现代化推进制度体系现代化建设,是在固根基、扬优势基础上补短板、强弱项,坚持和巩固根本制度、基本制度,完善和发展重要制度。领导干部在治理实践中既依据具体的制度化、法治化规定,又依据相应

---

① 和合会通由钱穆先生在比较中西方学术差别时提出,他认为西方在学术上重具体求知、分门别类;中国在学术上注重整体、融会贯通。

② 查询时间:2022年3月5日,国务院政策文件库:http://www.gov.cn/zhengce/zhengcewenjianku/index.htm.

③ 周雪光.论中国官僚体制中的非正式制度 [J].清华社会科学,2019,1 (1):7-42.

的制度体系规范。

表 2－4　　　　　　　中国国家制度体系的结构与数量　　　　　　单位：件

类型	党内法规			法律法规			
	党中央制定的中央党内法规	中央纪律检查委员会以及党中央工作机关制定的部委党内法规	省、自治区、直辖市党委制定的地方党内法规	宪法、法律及法律解释	行政法规	地方性法规	司法解释
数量	211	163	3 241	440	671	17 504	764
小计	3 615			19 379			
总计	22 994						
占比（%）	15.72			84.28			

　　资料来源：党内法规数量来源于中共中央办公厅法规局：中国共产党党内法规体系，截止时间 2021 年 7 月 1 日；国家法律法规数据来源于国家法律法规数据库，查询时间 2022 年 3 月 5 日。

（四）"守正创新"改革创新机制，有效应对现代化时间高度压缩

在时间高度压缩的条件下，要实现治理现代化，必须深入推进改革创新，为治理现代化持续注入强劲动力。在超大规模条件下，改革创新必须稳步有序推进，避免发生全局性、颠覆性错误。党的十八大以来，我国注重在全面深化改革的战略布局上，推进国家治理现代化；在坚持和巩固中国特色社会主义制度体系基础上，完善和发展中国特色社会主义制度体系、治理体系。党的十八届三中全会明确："全面深化改革的总目标是完善和发展中国特色社会主义制度，推进国家治理体系和治理能力现代化"，并推出了 336 项重大改革举措。一方面，建立健全改革顶层设计机制，强化对改革的统筹协调。改革开放至党的十八大前，在超大规模国家治理条件下，我国采取"摸着石头过河"自下而上的改革路径，积累改革经验。党的十八大后，随着改革进入深水区、攻坚期，我国强化了对改革的顶层设计，建立了中央全面深化改革领导小组（委员会），增强了超大规模国家条件下改革创新的整体性、协同性和协同性。

党的十八大前，改革推进机制主要在政府行政系统，发生的领域限于经济领域。另一方面，积极推进地方和基层改革创新。在中央顶层设计之后，各级地方建立了全面深化改革的协调机制，实现了改革创新体系的"分层对接"，尤其是进一步强化了地方和基层的改革试点机制（建立各类改革示范区、试验区等）。地方和基层的改革试点机制，是我国作为超大规模国家推进改革创新的有效方法论，既降低了超大规模国家整体创新探索的试错成本，又以样本化、局部化试点方式检验了改革方案，为整体推进提供了科学方案和有效经验。

四、治理机制应对时空结构的优势与挑战

在超大规模与高度压缩特征下，坚持党的全面领导，中国治理现代化具备明显的治理优势。尤其是在党的领导下，依托中国特色社会主义制度具备的 13 个显著优势，上述治理机制呈现出显著优势。从时空特征形成的优势看，一方面，在超大规模条件下，"大有大的好处"，中国治理现代化具备超大规模国家治理的优势，主要包括力量整合和集中优势、规模经济和发展优势、抗风险和强韧性优势等。另一方面，时间尺度结构和刻度结构的高度压缩特征，赋予了中国治理现代化"后发优势"，能够运用当代最先进技术提高治理能力。"大有大的难处"，在超大规模和当代互联网信息化快速发展的条件下，现有的治理机制在执行中也面临一些挑战，主要表现在三个方面。

（一）任务分解与执行"分解谬误"

有效的任务分解和执行能够降低超大规模国家的治理负荷。从组织理论看，在组织体系中，组织规模越大，自上而下任务有效分解与执行的难度就越大。无论是组织的管理层次，还是组织的控制幅度，都增加了任务分解和执行的难度。在形式主义、官僚主义等治理主体微观因素作用下，超大规模国家治理容易产生"分解谬误"。其一，一些行业和地方把超大规模和大规模条件下整体性、系统性任务"一分了之"、简单分解。比如，2021 年，"双碳"运动式减碳中，简单把碳达峰任务分解给每个部门并要求每个区域同步达峰，把国家整体"碳达峰"简单

等同于每个部门碳达峰、同步达峰。其二，一些地方在落实任务过程中存在"层层加码"的习惯与做法，不仅没有发挥层级性任务分解在消解超大规模治理负荷中的有效功能，反而加重了超大规模治理负荷。

（二）目标合成与整合"合成谬误"

有效的目标合成与整合，能够放大超大规模国家的规模效应和治理优势。从公共选择理论看，随着组织体系规模的增大，自下而上目标合成与整合的难度就越大。囚徒困境、公地悲剧等理论现象都表明个体在利益最大化追求下容易陷入集体行动的困境。在超大规模条件下，国家治理容易产生"合成谬误"。其一，一些行业和地方从本位主义出发，缺乏大局意识、全局意识，采取只顾自己、不及其余的发展政策、改革措施，影响整体的治理效果。其二，一些上级机关在制定政策时，缺乏深入调研，以有限的局部样本为依据，把个体属性误判为整体属性，把局部合理政策的简单叠加等同于整体有效政策，导致政策制定和实施在整体上产生负效应。

（三）改革形式主义导致"伪创新"

时间结构的高度压缩特征，也为中国治理现代化形成了一定挑战，比如现代化转型过程中的矛盾积累集中化、治理现代化任务时间紧迫等。这就要求超大规模国家聚焦各类问题，切实推进改革创新，持续推进国家治理能力现代化，把制度优势转化为治理效能。一些行业和地方在形式主义、官僚主义作用下，出现"伪创新"行为，导致改革创新异化、虚化。其一，一些行业和地方在推进改革过程中，仅关注改革措施的数量多少（推出了多少改革措施、取消下放了多少审批事项等），忽视了改革措施本身的质量，让改革陷入"高投入、低产出"的"内卷"中。其二，一些行业和地方在推进改革过程中，仅关注改革口号标新立异，过度追求"首例""首创"。其三，一些行业和地方在推进改革过程中，简单地进行政策移植和复制，缺乏结合实际分析，使得移植来的改革创新举措陷入"水土不服"。

五、强化时空结构应对能力的主要策略

在应对超大规模与高度压缩的时空结构上，我国治理体系和治理机制具备显著的优势。针对克服超大规模条件下的上述治理挑战，除解决形式主义、官僚主义作风问题外，应进一步健全配套机制，避免治理异化、创新异化，推进治理优势转化为治理效能。

（一）健全顶层化治理机制，避免"合成谬误"式治理异化

党的十九届六中全会确立了习近平同志党中央的核心、全党的核心地位，确立习近平新时代中国特色社会主义思想的指导地位。在政治上，要坚决维护习近平同志党中央的核心、全党的核心地位，坚决维护党中央权威和集中统一领导，坚决做到"两个维护"，为我国应对独特时空结构提供坚强的政治保障。在制度建设上，第一，加强中央层面决策议事协调机制建设。2018 年深化党和国家机构改革以来，中央决策议事协调机构是党对重大工作的领导体制机制的重要组成部分，在超大规模条件下具备重大决策论证研究、统筹协调、整体推进等重要职责。应健全工作机制，加强队伍建设，进一步强化中央决策协调机构机制建设。第二，强化中央和国家机关队伍建设、公务员能力建设，提高超大规模国家治理条件下政策制定、执行的有效合成能力、有效分解能力。从公务员数量配置格局来看，中央、省、地、县、乡镇（街道）的比例大体为 8∶19∶24∶39∶10，在京从事重大政策制定的公务员数量不足全部公务员队伍的 1%。① 在超大规模条件下，应进一步扩大中央和国家机关中从事重大政策制定公务员数量，为政策制定有效合成、政策执行有效分解提供充足的人力资源保障。第三，加强中国特色新型智库建设和决策信息系统建设。决策系统应加强智库建设、各类统计和信息系统建设，借助"外脑"和信息资源，消除政策制定和执行中的信息不对称，提高超大规模条件下的政策制定有效合成能力、政策执行有效分解能力。

---

① 宋世明. 新时代深化行政体制改革的逻辑前瞻 [J]. 中国行政管理，2020（7）：6 – 14.

（二）健全系统化执行机制，避免"分解谬误"式治理异化

首先，加强专业化行政执行系统建设，构建"综合＋专业"的执行机制。美国等超大规模发达国家的行政执行系统，除依靠中央政府部门执行外，还设立了大量的执行机构（包括独立机构、准官方机构、委员会等）。比如，美国联邦政府在 15 个内阁部外，有 60 多个独立机构从事专业的行政执行、政府监管任务。在特定的专业领域，这些执行机构具有专业的政策分解、政策合成能力。其次，优化推动国家发展的规划及其执行机制。以经济社会发展五年规划为代表的规划机制是我国推动国家发展的重要手段，也是超大规模条件下政策制定有效合成、政策执行有效分解的基础工具。应进一步完善在地方发展规划和专项规划基础上的国家发展规划合成机制，避免"合成谬误"；强化国家发展规划与地方发展规划、专项规划的衔接机制、分解机制、执行机制，避免"分解谬误"。再次，构建协同治理机制，导入市场化、社会化力量与资源。超大规模国家政策执行在广泛整合党政系统内部力量基础上，应有效借力超大规模的市场资源、社会资源，提高政策执行能力。在政策制定和执行过程中，建立健全科学民主依法决策机制，强化公众参与和社会协同，增强政策方案和执行方案的科学性和有效性。

（三）健全末端化评估机制，避免"伪创新"式创新异化

改革创新是一个从方案制定到执行、评估的完整闭环过程。改革"伪创新"现象弱化了超大规模国家加速推进治理现代化、应对时间高度压缩的能力。要消除"伪创新"，应从末端入手，倒逼改革创新的质量提升。首先，建立健全改革创新评估机制。对已经出台的改革举措，要加强改革效果评估，及时总结经验，注意发现和解决苗头性、倾向性、潜在性问题。在改革效果评估中，重点加强对"伪创新""分解谬误""合成谬误"等问题的评估，建立纠偏纠错机制。其次，建立健全以智库为代表的改革创新第三方评估机制。作为外部评估机制，第三方评估对改革创新评价具有更高的客观性。中共中央办公厅、国务院办公厅印发的《关于加强中国特色新型智库建设的意见》指出：探索政府

内部评估与智库第三方评估相结合的政策评估模式，增强评估结果的客观性和科学性。把智库的专业判断引入改革创新评估，有利于避免和消除"伪创新"式创新异化现象。最后，健全社会参与和评估机制。要把是否促进经济社会发展、是否给人民群众带来实实在在的获得感，作为改革成效的评价标准。改革创新评价应从创新性的单一维度评价转向吸纳社会满意度、实用性、获得感等多维度评价。

本 章 小 结

超大规模是中国治理现代化的外在客观环境，应进一步健全机制，避免出现治理异化、创新异化，提高应对能力、推进国家治理现代化。

中国治理现代化（推进中国国家治理体系和治理能力现代化）具有独特的个性特征。从外在时空结构看，超大规模与高度压缩是中国治理现代化面临的硬性特征，也是中国治理现代化的环境和条件。在推进国家治理现代化场景中，我国形成了有效的结构性治理机制："一核多元"横向组织机制、"上下贯通"纵向组织机制、"和合会通"规则机制、"守正创新"改革创新机制。这些机制有效保障了应对独特时空结构的显著治理优势，但在运行中，也面临一些挑战，主要包括：目标合成与整合"合成谬误"、任务分解与执行"分解谬误"、改革形式主义导致"伪创新"。未来应进一步健全配套机制（系统化执行机制、顶层化治理机制、末端化评估机制），避免出现治理异化、创新异化，提高应对独特时空结构的能力，推进国家治理现代化。

第三章
条块任务分解、分解谬误与治理机制

——超大规模治理负荷化解的
复合逻辑

纵观全球，规模巨大是中国现代化的重要个性特征，也是中国推进国家治理现代化（即中国治理现代化）的重要个性特征。不同于许多国家，我国国家治理现代化是超大规模国家治理体系和治理能力的现代化。综合考虑国土面积、人口、经济等国家治理规模常量因素，我国国家治理总体规模全球首屈一指。该特征决定了国家治理现代化理论与实践不能照搬照抄，必须坚持从实际出发，把握中国治理现代化的规模个性，提出符合超大规模国家治理现代化特点的理论、路径与策略。

一、化解超大规模治理负荷的主要逻辑路径：技术性还是结构性

由人口规模、国土面积规模、经济规模叠加形成的超大治理规模客观上影响和制约着国家治理现代化的路径选择。在超大规模条件下，国家治理现代化面临许多优势，包括集中力量办大事的集中优势、生产和发展的规模经济优势、应对经济社会风险冲击的强韧性优势等。同时，超大规模也给国家治理现代化带来不小挑战。这些挑战之中，由超大规模形成的治理负荷问题不容忽视、备受关注。

（一）化解超大规模治理负荷的技术性理论逻辑

党的十八届三中全会把完善和发展中国特色社会主义制度、推进国

家治理体系和治理能力现代化作为全面深化改革的总目标后，理论界对推进国家治理现代化进行了大量的深入研究。伴随着国家治理现代化理论研究的蓬勃发展，从规模角度，对国家治理现代化研究的研究逐渐兴起。总体上，国内外理论界对规模和治理现代化的直接性研究成果都还不多。近年来，一些学者对我国国家治理超大规模与化解超大规模治理负荷的路径进行了探索和研究，提出了不少有价值的思想理论观点和建议。周雪光关注并分析了中国国家治理面临的一个重要挑战：治理规模以及由此产生的治理负荷。① 在这一背景下，周雪光认为，一统体制与有效治理是中国国家治理的一个深刻矛盾，历史上的应对机制是：决策一统性与执行灵活性动态关系、政治教化的礼仪化、运动型治理机制。② 周光辉等分析了我国破解规模治理负荷的有效制度安排——对口支援③、破解我国规模治理难题的内生机制——从文书行政到文件政治④、应对规模治理"失察难题"的长效机制——巡视巡察⑤、应对规模治理"信息难题"的体制设计——国家调查队⑥等。韩志明分析了大国治理的负荷及以单一权威、有限职权和分化整合等为中心的应对机制。⑦ 马建堂和张军扩分析了我国经济超大规模性特征，提出以经济高质量发展推动我国经济实现从"超大"到"超强"的转变。⑧ 上述研究在揭示我国国家治理的超大规模特性基础上，主要从技术性方式或机制

① 周雪光. 国家治理规模及其负荷成本的思考 [J]. 吉林大学社会科学学报, 2013 (1)：5 - 8.

② 周雪光. 中国国家治理的制度逻辑：一个组织学研究 [M]. 上海：生活·读书·新知三联书店, 2017：29.

③ 周光辉, 王宏伟. 对口支援：破解规模治理负荷的有效制度安排 [J]. 学术界, 2020 (10)：14 - 32.

④ 周光辉, 隋丹宁. 从文书行政到文件政治：破解我国规模治理难题的内生机制 [J]. 江海学刊, 2021 (4)：247 - 253.

⑤ 周光辉, 陈玲玲. 巡视巡察：应对规模治理"失察难题"的长效机制 [J]. 行政论坛, 2022 (1)：5 - 16.

⑥ 周光辉, 王茜, 王匡夫. 国家调查队：应对规模治理"信息难题"的体制设计 [J]. 社会科学研究, 2022 (1)：25 - 37.

⑦ 韩志明. 大国治理的负荷及其应对机制——以规模问题为中心的理论考察 [J]. 南京社会科学, 2021 (4)：82 - 91.

⑧ 国务院发展研究中心课题组, 马建堂, 张军扩. 充分发挥"超大规模性"优势　推动我国经济实现从"超大"到"超强"的转变 [J]. 管理世界, 2020 (1)：1 - 7.

的理论逻辑入手，分析和发现了化解超大规模治理负荷的多种路径、多种机制和多种方式。这些研究为从规模角度深化国家治理现代化研究奠定了丰富的研究基础。

（二）从技术性到结构性的理论逻辑转换

正如周雪光指出的那样，国家治理规模所面临的负荷和挑战是所谓"技术治理手段"所无法解决的。[①] 与小规模治理、超小规模治理相比，超大规模国家治理之所以不同，关键的影响因素是超大规模国家治理面临的超大治理负荷。治理规模越大，治理负荷就越大；治理规模越小，治理负荷就越小。各类技术性手段或机制虽然在一定程度上能够为化解治理负荷提供支撑；但在其中，发挥主要功能和作用的还是结构性制度安排。在超大国家内部，应对治理负荷的结构性制度安排是有效化解治理负荷的主力和支柱。截至 2021 年，包括黄仁宇提出的"数目字管理"[②]、渠敬东提出的"项目制"[③] 等在内，理论界现有研究主要遵循技术性逻辑，对化解超大规模治理负荷的结构性制度安排和研究尚存在一定的空白。本章试图转换研究的理论逻辑，对超大规模国家治理内部的结构性制度安排进行研究，填补理论空白，从而丰富和完善规模角度的国家治理现代化理论研究。该角度的研究也有利于进一步强化我国的制度自信。在坚持和完善中国特色社会主义制度、推进国家治理现代化过程中，一些人仍然存在对制度不够自信的"妄自菲薄"心态。之所以产生这种不当认知，一个重要原因是对我国超大治理规模的独特个性认识和分析不够，过度强调共性，盲目照搬照抄他国经验。深化超大规模角度的国家治理现代化研究，有利于加深对国家治理现代化规模个性的认识，以治理现代化的理论自信进一步牢固树立中国特色社会主义制度自信。

---

① 周雪光. 中国国家治理的制度逻辑：一个组织学研究 [M]. 上海：生活·读书·新知三联书店，2017：18.
② 黄仁宇. 万历十五年：增订纪念本 [M]. 北京：中华书局，2006：18.
③ 渠敬东. 项目制：一种新的国家治理体制 [J]. 中国社会科学，2012 (5)：113 – 130.

二、条块任务分解的结构性模式及功能分析

面对超大规模的治理现实，如何从结构性制度安排上化解超大规模带来的超大治理负荷？西方古典政治理论患有规模恐惧症，我国自尧舜禹时代就开始探究超大规模的"天下"治理之道。[①] 基于悠久的历史传承和长期的实践探索，当代国家治理体系形成了有效应对超大规模的结构性逻辑路径——在中央的统一领导下治理任务的条块有效分解，即从中央到地方，构建条、块结合的治理体制和工作体系，分解整体性的治理任务（含治理目标、治理责任）。条块任务分解模式让超大规模的系统性治理任务有效分解和转化为有限可控的具体任务。

（一）以治理单元划分为基础的块、块任务分解，缩小治理半径

在实现大一统的基础上，以划分治理单元的方式，有效分解超大规模的治理负荷始于秦朝。秦朝推行的郡县制，既相对于封建制维护了中央集权，又从地理空间上有效分解了超大规模治理任务。此后，以郡县制为基础，不同类型、不同层级的治理单元划分，构成了超大规模治理在空间上的块、块分解模式。在我国现有治理体系中，地方构成了"块"，并因行政区划层级分为多种类型。我国地方行政区划由省级行政区、地级行政区、县级行政区、乡级行政区组成，这些行政区划都有悠久的历史。

多层级的地方行政区划既划分了超大规模国家的治理单元，也实现了超大规模国家治理任务的空间分解，对于化解超大规模治理负荷具有重要作用与功能。一方面，行政区划在维护大一统体制的同时，有效分解了超大规模国家的治理任务。超大规模国家的整体性任务通过行政区划有效分解为地方治理任务，地方在各自的治理单元范围内，按照一定的治理半径和治理范围，各负其责，完成各自的治理任务。另一方面，行政区划有效分解了超大规模国家的治理风险。超大规模国家面临规模难题，也拥有客观的规模优势。总体上，无论是地理空间，还是经济社

---

① 姚中秋. 论学统复建 [M]. 上海：生活·读书·新知三联书店，2019：203.

会发展空间，超大规模国家面对风险冲击回旋余地大。通过行政区划对治理单元的划分，超大规模国家治理面临的风险挑战被分解为区域治理风险，风险相对可控。

（二）以科层制为基础的条、条任务分解，实现治理专业化分工

在空间分解的基础上，超大规模国家治理任务还通过科层组织体系实现了组织性条、条分解。我国国家治理体系具有突出的科层制组织体系特征。从新中国成立到 2018 年深化党和国家机构改革，党中央有中组部、中纪委、中宣部等 16 个中央部门；[①] 国务院除国务院办公厅外有外交部、国防部等 26 个组成部门。[②] 按照一一对应、上下对口设置的原则，地方也基本上对应设置党政部门，实现了超大规模国家治理在横向上的任务专业化分解。

上下对口的专业化部门设置，实现了超大规模国家治理任务的专业化分工，对于化解超大规模治理负荷具有重要作用与功能。一方面，专业化条、条分解提高了超大规模国家治理效率。亚当·斯密在《国富论》中以制针业为例，证明劳动分工是提高劳动者工作效率的有效手

[①] 包括中共中央纪律检查委员会：中华人民共和国国家监察委员会机关；中共中央办公厅；中共中央组织部（对外加挂国家公务员局牌子）；中共中央宣传部（对外加挂国务院新闻办公室、国家新闻出版署、国家版权局、国家电影局牌子）；中共中央统一战线工作部（对外加挂国家宗教事务局、国务院侨务办公室牌子）；中共中央对外联络部；中共中央政法委员会；中共中央政策研究室（中央全面深化改革委员会办公室）；中央国家安全委员会办公室；中央网络安全和信息化委员会办公室（国家互联网信息办公室）；中央军民融合发展委员会办公室；中共中央台湾工作办公室（国务院台湾事务办公室）；中央财经委员会办公室；中央外事工作委员会办公室；中央机构编制委员会办公室；中国共产党中央委员会中央和国家机关工作委员会。

[②] 包括中华人民共和国外交部、中华人民共和国国家发展和改革委员会、中华人民共和国科学技术部、中华人民共和国国家民族事务委员会、中华人民共和国国家安全部、中华人民共和国司法部、中华人民共和国人力资源和社会保障部、中华人民共和国生态环境部、中华人民共和国交通运输部、中华人民共和国农业农村部、中华人民共和国文化和旅游部、中华人民共和国退役军人事务部、中国人民银行、中华人民共和国国防部、中华人民共和国教育部、中华人民共和国工业和信息化部、中华人民共和国公安部、中华人民共和国民政部、中华人民共和国财政部、中华人民共和国自然资源部、中华人民共和国住房和城乡建设部、中华人民共和国水利部、中华人民共和国商务部、中华人民共和国国家卫生健康委员会、中华人民共和国应急管理部、中华人民共和国审计署。

段。① 无论是科学管理理论，还是马克斯·韦伯的官僚制理论，科层组织分工有利于提高科层组织效率。在党的领导下，党政科层体制内的部门专业化分工，推进国家治理走向专业化、科学化，势必会提高超大规模国家治理的效能。另一方面，专业化条、条分解降低了超大规模国家治理的协调成本。超大规模国家在拥有规模效益优势的同时，也面临内部协调的劣势。由于管理空间巨大、管理任务繁重，内部沟通协调面临巨大挑战。通过上、下对口的专业化部门设置，党政科层体制建立起"横向到底、纵向到边"的条条沟通协调机制，超大规模国家治理在专业化设置模式下协调成本得到有效降低。

三、分解谬误：政策执行中的条块任务分解异化现象

从大的方面看，在党的领导下，我国建立了符合超大规模特点的中国特色社会主义制度体系和治理体系，制度体系趋于成熟和定型，超大规模国家治理发挥着显著的优势，超大规模的治理负荷得到了有效化解。与条块结构性有效分解形成对比，在一些政策执行领域，也存在条块分解功能的异化现象，集中体现为分解谬误。

（一）治理与执行过程分解谬误的内涵和定义

分解谬误是指宏观经济领域成立的理论、判断应用到微观经济领域存在不成立的现象。逻辑学认为，分解谬误是指总体具有某种属性，推出局部也一定拥有这种属性。② 经济学和逻辑学的分解谬误映射到公共治理实践中依然成立。在超大规模条件下，治理过程中存在的分解谬误是指在重大政策执行过程中，把超大规模治理总体所需要实现的目标、任务和属性，简单、机械地分解为局部的目标、任务和属性。对分解谬误的定义看，治理过程分解谬误的本质是忽视了局部与整体之间存在有机联系，没有正确处理整体与部分、全局与局部的关系。分解谬误发生的可能性与治理体系的规模性高度相关。系统科学理论也认为，系统在

---

① ［英］亚当·斯密. 国富论［M］. 重庆：重庆出版社，2015：4.
② ［美］阿里·阿莫萨维. 神逻辑［M］. 北京：北京联合出版公司，2021：44.

整体上会表现出个体或其部分所完全没有的特性，即系统涌现性。当系统规模越大，局部与整体的特性差异也就越大。国家治理体系规模越大，局部与整体的有机联系就更复杂，正确处理整体与部分、全局与局部的关系难度就越大，发生分解谬误的可能性也就越大。

（二）治理与执行过程中分解谬误的主要表现

1. "层层加码"层级性分解谬误

超大规模条件下，整体性、系统性的国家治理任务需要通过层层分解实现逐级有效落实。在压力型体制、工作作风等多种因素的影响下，超大规模治理的层层分解异化为"层层加码"式分解。政府施政的目标不断分解到基层政府的过程中，有一个任务目标层层加码、逐级放大的过程。① 该现象主要表现在三个方面。第一，发展指标"层层加码"，导致层层分解功能异化。在制定一定时期（五年或年度）经济社会发展目标后，国家整体任务通过指标逐级分解，最终转化为各地具体的发展任务。一些地方在上级指标基础上"加码"注水，从而导致 GDP 增长等指标数字越往下定得越高，出现地方 GDP "增速高于全国、总量大于全国"的数字乱象。② 有实证研究表明，地方政府在推进人口城镇化进程中的逐级加码行为。③ 第二，政策措施"层层加码"，层级政策空间缩小化。在制定和执行政策时，由于不同层级具有的不同实际情况，全局性政策需要结合层级特点进行层层分解。一些地方在制定和执行政策时，过于追求形式上严格执行，逐级提高政策执行的形式标准，导致政策出现"层层加码"。比如，在疫情防控中，个别地方和层级在上级政策基础上附加管控措施，导致疫情防控走向过度管控。第三，评比考核"层层加码"，导致闭环管理职能扭曲化。考核评比是管理的末端环节，是实现科学管理的必要手段。但有的地方在督查检查、目标考核、一票否决等方面自行制定加码事项，扭曲了考核评比的闭环管理功

---

① 周黎安. 转型中的地方政府官员激励与治理 [M]. 上海：格致出版社，2017：334.
② 唐任伍. 形形色色的"层层加码"现象 [J]. 人民论坛，2016（21）：12 –15.
③ 侯祥鹏. 地方政府"层层加码"与人口城镇化推进——基于"十三五"规划文本的实证分析 [J]. 现代经济探讨，2018（2）：116 –126.

能。从超大规模国家治理角度看，"层层加码"有利于短期目标的快速实现，但从长期看不仅没有实现超大规模治理负荷的科学分解，反而加重了治理负荷（尤其是加重了基层的治理负荷）。

2. "一刀切"横向分解谬误

从横向看，超大规模国家治理由区域治理、行业治理构成，一项整体性的国家治理任务势必要实现区域性与行业性分解。区域性与行业性分解从区域和职能两个维度进一步实现超大规模国家治理任务横向分解，缩小了治理的超大规模。在工作作风等多种因素影响下，超大规模治理的横向分解出现异化，集中表现在"一刀切"式的横向分解谬误。一方面，在区域治理上不分类区别，对任务一分了之，进行"一刀切"式治理，弱化了区域的分解功能。以"煤改气"政策执行为例，自从2013年国务院颁发《大气污染防治行动计划》后，一些地方不顾能源禀赋和天然气供应现状采取"一刀切"，强制执行"煤改气"，导致各地出现气荒。此后，2018年国务院发布《关于促进天然气协调稳定发展的若干意见》，明确要求："煤改气"要坚持"以气定改"、循序渐进，保障重点区域、领域用气需求。另一方面，在行业治理上，采用一个标准进行"一刀切"式治理，弱化了行业的分解功能。例如，在打赢蓝天保卫战的环保整治过程中，某地对大气污染治理搞"一刀切"，造成辖区餐饮企业大面积停业、400余家板材企业集中停产、20多家货运停车场停业，严重影响当地人民群众生产生活。在2022年春的常态化疫情防控中，有地方未能统筹好疫情防控与经济社会发展，擅自封村、封路，甚至以防疫为由，要求"持证耕田"，限制农民下地种田。"一刀切"横向分解谬误在改革上也有一定程度的体现。由于我国各地区、各行业差异较大，"一刀切"式的改革规划和方案在落地执行过程中就容易产生"分解谬误"，让地方和基层认为方案"不接地气"，难以操作和执行。

3. "运动式""短期化"时间性分解谬误

时间是超大规模国家治理任务分解的天然标尺。作为超大规模国家，中国国家发展和国家治理具有显著的时间分配特征。从国家五年规划（五年计划）到政府年度工作报告，都体现了国家发展目标和国家治理任务的时间分解。年度、月度时间分解，让超大规模国家治理任务具有更强的连续性、操作性。但在不良政绩观等因素影响下，一些地方和部门过度强调"只争朝夕"，发起运动式治理，把长期治理任务集中压缩进行短期化安排，产生了超大规模治理的时间性分解谬误。在政策实施上，有的地方和行业急功近利，把长期任务缩减为短期化执行，甚至要求各地区各部门同步完成执行任务。例如，2021年，为实现碳达峰、碳中和，运动式"减碳"措施出台实施，把长期任务简单分解为每个部门、每个地区同步达峰，导致出现蔓延全国的电荒，影响企业生产和居民生活。有的搞"碳冲锋"，有的搞"运动式减碳"，这些都不符合党中央要求。① 从时间上看，离碳达峰目标有近10年，离碳中和目标有40年，2021年缺乏长期规划和统筹的运动式"减碳"把持久战变成了突击战。从特性上看，每个地区、每个部门达峰、中和先后必然有差异，运动式减碳忽略差异性的同步要求必然激化了减碳与经济发展的矛盾，弱化了时间在重大任务中的分解功能。在管理行为上，有的地方领导干部追求短期政绩效应，急于求成，将长期有步骤的任务分解异化为短期的盲目扩张。比如，中国的新城建设集中体现了增长目标短期化，地方经济增长目标的短期化是迈入高质量发展新时代的国家治理体系必须要解决的问题。②

四、系统性匹配不均衡：分解谬误产生的一个解释

在超大规模条件下，治理与执行过程中传统条块分解为什么会失灵，为什么会产生分解谬误？本章以政策执行为重点分析对象，选择政策执行系统理论，构建政策系统性、政策执行者（政策执行机构与执行个体）系统治理能力均衡匹配的分析框架（见表3-1），对相关原因进行一定的理论解释分析。之所以选择政策执行，主要的原因是：从过程看，治理分解本质是超大规模国家政策执行的过程。分解谬误发生的并非治理体系发生结构性问题，而是在执行过程中出现的执行异化现象。

---

① 韩文秀. 以高质量发展优异成绩迎接党的二十大胜利召开 [J]. 瞭望, 2022 (1)：20－24.
② 彭冲, 陆铭. 从新城看治理：增长目标短期化下的建城热潮及后果 [J]. 管理世界, 2019 (8)：44－57.

政策执行的过程理论认为，政策、目标群体、执行机构、环境是影响政策执行的基本因素。政策执行的互动理论认为，政策、政策执行者、政策受影响者及其相互作用是影响政策执行的基本因素。从这些政策执行理论看，政策本身与政策执行者是分析和影响政策执行的共识性基本因素。

表 3 - 1 　　政策系统性、政策执行者系统治理能力均衡匹配框架

		政策本身	
政策执行者	系统治理能力	系统性低	系统性高
	低	初级现代化的均衡匹配（分解谬误概率小）	中高级现代化阶段的非均衡匹配（分解谬误发生概率大）
	强	初级现代化的非均衡匹配（分解谬误概率小）	中高级现代化阶段的均衡匹配（分解谬误概率小）

（一）政策本身的强系统性特征

政策本身是影响政策执行系统的基础性要素。政策本身的科学性，直接决定着政策执行的有效性。地区和国家的治理规模越大，政策本身的系统性就越强。其一，从静态看，在超大规模治理条件下，政策本身具有更强的系统性特征。公共政策对全社会的价值和利益进行权威地分配。从政策影响和作用的对象看，超大规模国家公共政策制定和执行涉及的人员、群体众多，各群体价值日趋多元化，决定了公共政策本身必须具备更强的系统性。从政策本身的形态看，超大规模国家政策是一个完整的体系。我国政策体系包括多种外在的表现形式：法律法规（含党内法规）、政策文件、规划计划、标准等。从政策层级看，超大规模国家政策体系主要体现为中央政策、国家政策，也包含各类地方政策。可以说，在超大规模国家内部，政策的层级越高，政策本身的系统性就越强。其二，从动态看，随着经济社会的深入发展，经济社会事务相互交织、相互关联、相互影响的程度日渐深化，超大规模国家政策本身也朝着系统化方向发展。从发展阶段看，完成全面建成小康社会的第一个百

年奋斗目标后，我国国家发展已迈入中高级现代化发展阶段，政策更具有系统性特征。结合我国改革政策来看，随着改革进入深水区和攻坚期，以往分领域、分地区推进的单项改革政策已经转变为具有牵一发而动全身的系统性改革政策，改革的系统性、整体性、协同性特征日益突出。习近平同志在党的十八届三中全会第二次全体会议上讲话中指出："全面深化改革涉及党和国家工作全局，涉及经济社会发展各领域，涉及许多重大理论问题和实际问题，是一个复杂的系统工程。随着改革不断深入，各个领域各个环节改革的关联性互动性明显增强，每一项改革都会对其他改革产生重要影响，每一项改革又都需要其他改革协同配合"。① 可见，新时代，改革政策制定本身就具有高强度的系统性特征。

（二）政策执行机构与执行者的系统治理能力不足

政策执行机构和执行者是政策执行主体，决定政策执行系统的系统效果。在政策科学制定后，政策执行机构和执行者能力越强，政策执行系统的效能越大。在路径依赖效应的作用下，我国政策执行主体受计划经济条块分割思维限制较多，系统思维和系统治理能力尚未跟上政策本身系统性增强的发展要求，导致政策执行系统存在系统性匹配不均衡，为政策执行分解谬误产生提供了可能。首先，在超大规模条件下，行政执行系统建设跟不上政策的系统性发展需要。在中央部委内部，不少司局既从事政策谋划，又负责行政执行，决策与执行混为一体，专业化行政执行系统尚需建立。党的十九届四中全会也明确指出，健全强有力的行政执行系统。其次，超大规模条件下，政策执行者的系统思维、系统观念不足，执行者系统治理能力尚需提升。一些政策执行者仍然存在简单机械式地分解执行任务，未考虑到超大规模政策执行的系统性特征。最后，官僚主义和形式主义的存在，进一步弱化了系统治理能力。在官僚主义、形式主义等不良风气的影响下，一些政策执行者"唯上不唯实"，片面追求数字化，使得系统治理走向虚化。一些政策执行者以

---

① 中共中央文献研究室. 习近平关于全面深化改革论述摘编［M］. 北京：中央文献出版社，2014：43.

"层层传导压力"之名行"层层推卸责任""下移责任",扭曲了超大规模国家治理任务的条块有效分解功能。

五、构建全过程系统化的治理机制,推进治理现代化

从自然科学、系统科学到管理学、经济学、政治学等社会科学,规模都是分析问题和解释问题的一个重要视角。规模对治理、国家治理及其现代化产生重要的影响。可以说,作为超大规模国家,我国推进国家治理现代化进程面临的现实问题、难题,有不少与超大规模这个客观实际和国情相关。超大规模国家治理体系是一个复杂系统,超大治理规模是我国国家治理现代化面临的最大客观实际。在党的领导下,我国国家制度体系和治理体系具有多方面的显著优势,这种优势在应对超大规模上也得到了有效的体现。我国治理体制应对治理负荷,既有技术性手段和机制,也有结构性的制度安排。在中央集中统一领导下,有效实现条块任务分解是化解和分担治理负荷的主要结构性制度安排。这种模式化解超大规模治理负荷的主要功效是:多层级的区划结构性划分,缩小了基层治理单元和治理半径,降低了行政成本和治理成本;条条划分,有效实现了科层组织内部部门化专业化分工,提高了专业化的治理收益。可以说,由条块结合产生的任务条块分解模式降低了超大规模国家治理成本,根本上促进了超大规模国家治理产生规模经济效应。

作为逻辑学、经济学的理论现象,分解谬误不仅是理论问题,也是一个实践问题,在超大规模国家治理中更容易发生。这与规模因素高度相关。治理规模越大,局部与整体之间的差异性越大,整体治理措施转化为局部措施的难度也越大。对于小规模治理、超小规模治理,局部与整体的差异较小,发生分解谬误的物理基础或结构性基础就不存在。对于超大规模治理,分解谬误主要发生在政策制定后的政策执行层面。基于政策执行系统理论,政策本身和政策执行者是影响政策执行的两个重要变量。从该理论出发,随着我国经济社会的快速发展,政策本身的系统性要求显著增强,但政策系统性、政策执行者系统治理能力之间存在一定程度的非均衡性。这是执行过程产生分解谬误的一个重要解释。分解谬误的发生并不否定条块分解作为化解超大规模治理负荷所发挥的结

构性功能。在推进治理现代化进程中，有效应对超大规模治理负荷，应遵循结构性制度安排与技术性机制相结合的复合逻辑，既构建从中央到地方运行顺畅、充满活力、令行禁止的工作体系，更好发挥条块任务分解的结构性功能；又健全各类技术性机制，避免产生分解谬误。

习近平同志在党的十八届三中全会第二次全体会议上讲话中指出：真正实现社会和谐稳定、国家长治久安，还是要靠制度，靠我们在国家治理上的高超能力，靠高素质干部队伍。① 克服分解谬误现象，对于领导干部个体而言，要增强超大规模国家治理的系统观念、强化系统思维，消除"一分了之"的惯性思维，坚决做到"两个维护"，提高系统治理能力。推进国家治理现代化的本质是"制度之治"。在强化系统治理能力的同时，也要依靠制度，借助推进国家治理现代化的制度建设契机，围绕分解谬误发生的全过程，建立立体化、全过程的治理机制，减少和避免分解谬误的发生。

1. 建立分解谬误发生的风险研判和预警机制

在超大规模治理体系中，任何一项治理任务发生分解谬误，都会对经济社会全局产生不小的影响。中央国家机关、省级机关等有关单位在拟订、制定和执行政策时，应建立避免分解谬误发生的风险研判和预警机制。首先，建立事前风险评估和研判机制。在重大行政决策风险评估机制建设中，注重国家层面、省域层面的分解谬误风险评估与分析。在重大改革推进实施过程中，对国家层面、省域层面可能发生分解谬误分析进行评估和分析。其次，建立分解谬误风险预警机制。在重大改革、重大行政决策实施后，及时跟踪各地区、各行业任务分解和执行情况，对可能发生的分解谬误进行预警分析。最后，建立分解谬误风险责任机制。按照"谁制定、谁负责"的原则，针对全局性政策制定与实施、重大改革制定与实施，建立管理分解谬误风险产生的责任体系。

2. 建立避免分解谬误发生的系统性、综合性试点机制

相对于中小规模、小规模、超小规模治理，超大规模国家治理具有

---

① 中共中央文献研究室. 习近平关于社会主义政治建设论述摘编［M］. 北京：中央文献出版社，2017：5.

规模经济收益，但也会面临高昂的全局性试错成本。试点机制既是改革开放以来我国的重要经验，也是防控试错成本的重要机制。在消解分解谬误发生过程中，应积极使用试点机制，让政策方案、改革方案经过局部性的试点检验修正后，再付诸全面推广。党的十八大以前，改革主要的逻辑是"摸着石头过河"式的渐进式改革，具有鲜明的分解式推进特征，改革分为不同领域、不同地区有先后的分别进行，分解谬误发生的可能性相对较低。进入新时代以来，全面深化改革表现出更强的系统性特征。习近平同志在党的十八届三中全会第二次全体会议上讲话指出：三中全会研究全面深化改革问题，不是推进一个领域改革，也不是推进几个领域改革，而是推进所有领域改革。[①] 新时代全面深化改革的全面性、系统性特点决定了改革需要更加注重避免分解谬误。应发挥试点机制的作用，变传统的分解式试点为系统性、综合性试点。系统性、综合性试点既为全面深化改革积累系统性改革经验，又为改革避免分解谬误提供了的综合性经验。在试点地区选择上，应重点选择人口多、面积大、经济发达的大省、超大城市、特大城市，开展综合性、系统性全面试点。在试点措施选择上，应推进综合改革试点，改变单一措施试点方式，检验和分析各项措施实施可能产生的综合效果。在试点评估上，应建立综合化、系统化的改革评价机制，改变单一评价的方式，系统评估改革的整体性效果、长期性效果。

3. 建立应对分解谬误的矫正和纠偏机制

对于已经发生的分解谬误，超大规模国家治理体系要建立及时、有效的矫正纠偏机制，让分解谬误产生的影响最小化。在顶层设计上，建立分解谬误发生的矫正和纠偏机制，完善坚定维护党中央权威和集中统一领导的各项制度。发挥党中央决策议事协调机构、国务院决策议事协调机构的统筹作用，强化中央部委治理能力建设，从顶层上把握好治理目标、治理尺度和治理节奏，防止产生分解谬误。《中国共产党中央委员会工作条例》规定：党中央设立若干决策议事协调机构，在党中央领

---

① 中共中央文献研究室. 习近平关于全面深化改革论述摘编 [M]. 北京：中央文献出版社，2014：23.

导下，负责相关重大工作的顶层设计、统筹协调、整体推进、督促落实。对于重大工作，要充分发挥党中央决策议事协调机构的作用。在分层对接上，要加强省级部门、地级市部门的政策衔接，提高政策执行能力和治理能力，防止"层层加码"。在基层落实上，建立分解谬误发生的政策执行反馈机制。基层是政策执行的"最后一公里"，对政策是否发生分解谬误有着直接的体会和认知。应建立闭环管理机制，把政策执行信息尤其是发生分解谬误的信息，反馈给政策制定部门，促进政策更新与调整。在纠偏手段上，建立从"人"到"数"的数字化纠偏机制。大数据、人工智能时代，超大规模国家治理及其任务分解具有难得的技术支撑条件。在超大规模国家治理体系中，科学的任务分解不仅要改进和优化机制、调动人的积极作用，也要发挥大数据、人工智能的技术支撑作用。

4. 建立对冲分解谬误发生的韧性机制

超大规模国家治理是一个复杂的巨系统。为避免分解谬误的发生，应像工程系统避免发生故障一样，强化系统自身建设，提高治理体系的韧性，[①] 增强对冲分解谬误发生的抵抗力、免疫力、恢复力。

健全制度体系，增强制度韧性。在治理体系中，规模大小与制度的系统完备性程度是影响分解谬误发生的两个相反因素。规模越大，发生分解谬误的可能性也就越大；相反，制度体系越完备，发生分解谬误的可能性越小。在超大规模条件下，制度体系不健全、不完善，制度体系存在漏洞、制度链存在断点，都可能放大分解谬误发生的风险。应建立构建系统完备、科学规范、运行有效的制度体系。从制度建设到制度化，再到制度体系建设，这是我国制度建设发展的内在逻辑。[②] 要按照党的十九届四中全会对推进国家治理现代化做出十三个"坚持和完善"的重大部署，坚持和完善党的领导制度体系、坚持和完善人民当家做主制度体系、坚持和完善中国特色社会主义法治体系、坚持和完善中国特色社会主义行政体制、坚持和完善生态文明制度体系、坚持和完善"一

---

① 韧性（resilience），是指系统遭受外界扰动后恢复原有状态的能力。
② 莫纪宏. 从制度、制度化到制度体系构建——制度发展的内在逻辑 [J]. 西北大学学报（哲学社会科学版），2020（3）：96 – 105.

国两制"制度体系、坚持和完善党和国家监督体系，以制度体系建设增强对冲分解谬误发生的制度韧性。"大道至简"，超大规模国家制度建设和政策制定，应遵循简约高效的原则，构建简约治理机制，避免文牍主义，化繁为简，提高制度和政策的执行力。

优化机构与人员体系，增强组织结构韧性。从公务员数量配置格局来看，中央、省、地、县、乡镇（街道）的比例大体为 8 : 19 : 24 : 39 : 10，在京从事重大政策制定的公务员数量不足全部公务员队伍的 1%。[①] 可见，相对于超大规模国家治理、政策制定、经济发展的复杂性和艰巨性，中央机关从事重大政策制定公务员数量比例偏低。从队伍建设角度看，存在分解谬误发生的系统脆弱性。与全球范围内的超大规模国家相比，我国中央政府公务员比例相对偏低。在 OECD 国家中，美国联邦政府公务员占公务员队伍的比例为近 20%、法国中央政府公务员占公务员队伍的比例为近 40%、德国中央政府公务员占公务员队伍的比例为 10%（见图 3 - 1）。从治理运行看，国家部委普遍存在的"借调"现象，反映了部委人员数量承担超大规模国家治理任务上存在供需不平衡状态。无论是从国际比较看，还是从符合超大规模国家治理需要出发，都应适度扩大中央机构从事政策制定相关工作的机构数量与人员数量，增强超大规模国家应对分解谬误的组织韧性。

建立社会化协同体系，增强对冲分解谬误发生的系统韧性。超大规模国家治理体系的发展，是内因和外因共同作用的结果。分解谬误的治理也要发挥治理体系内外部"自组织"和"他组织"的共同作用。在治理体系之外的社会体系，既是影响超大规模国家治理现代化的环境，也是推动超大规模国家治理现代化的动力。治理分解谬误现象，还应发挥社会的协同作用，实现多元协同共治。一方面，建立和完善重大政策制定和实施的社会参与机制。对于全局性政策制定和实施，要在政策制定前广泛征求社会意见；在政策执行过程中，要关注和回应社会各方关切。另一方面，建立和完善重大政策制定和实施的社会监督机制。运用政务信息化平台、新闻媒体等平台和手段，支持和鼓励社会对重大政策

① 宋世明. 新时代深化行政体制改革的逻辑前瞻 [J]. 中国行政管理，2020（7）: 6 - 14.

制定实施存在的分解谬误现象（包括"一刀切""层层加码"等）展开
监督，及时修正全局性政策执行和实施行为。例如，国务院办公厅自
2019 年以来建立了国务院"互联网＋督查"平台，开通国务院"互联
网＋督查"小程序，面向社会征集问题线索①或意见建议，协调解决了
一大批企业和群众反映的实际问题，有力推动了党中央、国务院重大决
策部署贯彻落实。

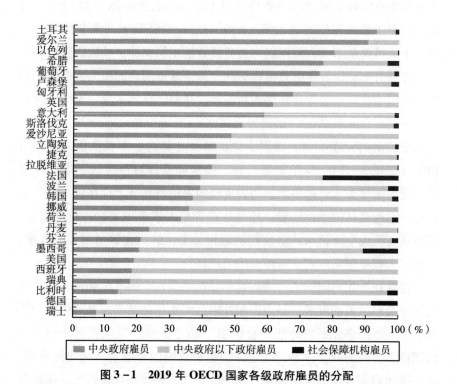

图 3 - 1 2019 年 OECD 国家各级政府雇员的分配

资料来源：OECD. Government at a Glance 2021 ［M］. Paris：OECD Publishing, 2021：17.

---

① 四个方面问题线索或意见建议：一是党中央、国务院有关重大决策部署和政策措施不落实
或落实不到位的问题线索；二是政府及其有关部门、单位不作为慢作为乱作为的问题线
索；三是因政策措施不协调不配套不完善给市场主体和人民群众带来困扰的问题线索；四
是改进政府工作的意见建议。

本 章 小 结

建立全过程系统化的治理机制，矫正分解谬误，有效实现超大规模条件下系统性均衡，变超大治理规模为超强治理效能。

由人口规模、国土面积规模、经济规模叠加形成的超大规模是我国国家治理现代化的重要个性特征。如何化解由超大规模带来的治理负荷？在技术性手段或机制之外，条块任务分解是化解治理负荷的主要结构性制度安排。条块任务分解模式缩小了治理半径，实现了治理专业化分工，有效保障了治理体系自上而下地高效运行。在一些政策执行领域，条块任务分解也会出现失灵，产生分解谬误现象，主要表现为："层层加码"层级性分解谬误、"一刀切"区域性与行业性分解谬误、"运动式"和"短期化"时间性分解谬误。这些分解谬误让条块任务有效分解走向异化，加重了基层治理负荷。应遵循结构性制度安排与技术性机制相结合的复合逻辑，着重建立全过程系统化的治理机制，矫正分解谬误，有效实现超大规模条件下系统性均衡，变超大治理规模为超强治理效能。

第四章
政府机构数量规模增长的
宏观影响因素研究[①]

一、政府机构规模变动存在省际差异

随着我国改革开放进程的推进，政府机构的规模及其变动受到行政体制改革实践的高度关注。改革开放以来的七次政府机构改革实践表明，对政府机构规模的精简和控制始终是中国历届政府实施行政改革的共同内容和主题。面对当时臃肿和日益膨胀的行政机构规模，1982 年的第一轮国务院机构改革，将国务院各部委、直属机构、办事机构从100 个减为 61 个。1988 年国务院机构改革，将国务院部委由原有的 45 个减为 41 个。1993 年国务院机构改革，把国务院组成部门、直属机构从原有的 86 个减少到共 59 个。1998 年国务院机构改革，将国务院组成部门由原有的 40 个减少到 29 个（除国务院办公厅外）。2003 年，国务院机构改革将 29 个组成部门调整为 28 个（除国务院办公厅外）。2008 年，国务院"大部制"改革将国务院组成部门减少到 27 个（除国务院办公厅外）。2013 年的第七轮国务院机构改革再次国务院设置组成部门减少到 25 个（除国务院办公厅外）。国务院先后七次机构改革实践，有效地缩减和控制了改革开放以前和初期臃肿庞大的政府规模，为经济发展创造了宽松的行政管理体制环境。

---

① 本章成果形成于 2017 年，参见笔者独立署名论文：赖先进. 政府机构数量增长的宏观影响因素研究 [J]. 湖南大学学报，2017（6）：80 – 86.

究竟如何衡量一个国家或地区政府规模？评价指标是什么？我国政府究竟有多大？政府规模的影响因素是哪些？回答这些问题，关键在于评价标准和指标的选取。运用不同的评价标准研究政府规模通常会产生不同的答案。目前，衡量和评价国家或地区政府规模的大小有四个方面的理论维度和评价标准，即政府机构数量规模、政府工作人员数量规模、政府财政收入和支出数量规模、政府职能范围和规模。在这四个政府规模的衡量指标中，理论界现有主要从财政收支规模、人员规模两个标准对政府规模进行研究，忽视了对政府机构数量规模的研究。实际上，政府机构数量规模是政府规模的最直接体现。

近年来，我国各地区政府机构的数量变化呈现显著的差异性。一是各地区政府机构数量绝对量差异较大。以 2015 年各地区机关法人单位数为政府机构数量的衡量指标来看，拥有 10 000 家以上机关法人单位的省份是：四川省（19 721 家）、河南省（14 464 家）、河北省（12 434 家）、江苏省（10 652 家）、山东省（12 412 家）、湖南省（12 788 家）、广东省（11 916 家）、广西壮族自治区（10 615 家）、云南省（11 266 家）；北京和天津等地区机关法人单位数在 3 000 家以下。二是各地区政府机构数量变动体现出差异性。相较于 2014 年，2015 年机关法人单位数出现增长的地区有：北京、上海、江西、河南、广东、广西、海南、贵州和新疆。这些地区政府数量规模变化受到多方面因素的影响和制约，既有行政系统内部的机构改革因素，也有来自行政系统外部经济社会发展的宏观因素。如果仅仅用行政体制改革内部因素来解释政府机构数量规模的变化，就无法说明各地区政府机构数量规模变动存在的差异性。因为作为单一制国家，各地区政府制度因素或行政体制改革因素基本上是相同的。要全面分析各地区政府机构数量的差异性，需要关注地区政府机构数量变动背后的宏观影响因素，这样有利于更为全面地把握政府规模变动的规律，为深化行政改革、跳出机构"精简—膨胀—再精简—再膨胀"怪圈提供理论支撑。

二、机构规模是政府规模研究的新方向

伴随着我国政府机构改革实践的深入推进，政府规模研究自 20
世纪 80 年代起也成为经济学、政治学和公共管理学理论研究经常关
注的热点主题。从时间上来看，政府规模理论研究可分为三个阶段：
一是起步阶段，即 20 世纪 80 年代至 2000 年前，每年发表政府规模研
究理论文章若干篇；二是发展阶段，即 2000 ~ 2008 年，政府规模研究
文章迅速增长；三是繁荣阶段，即 2008 年至今。政府规模研究文章每
年发表都在 100 篇以上（见图 4 - 1）。从内容上来看，政府规模理论研
究主要分为以下几类：一是政府或地方政府的最优适度规模，即政府或
地方政府究竟该有多大是最优的；二是政府规模与经济增长、财政支
出、贸易的关系；三是政府规模变动或扩张的影响因素。通过关键词共
现网络分析可以看出，这三类研究是当前政府规模研究的主要内容（见
图 4 - 2）。

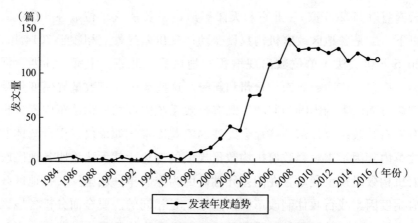

图 4 - 1　中国政府规模理论研究的总体趋势

注：笔者依托中国知网数据库，采用检索条件：（题名 = 政府规模）（模糊匹配），共检索
政府规模研究文章文献总数：1 691 篇。

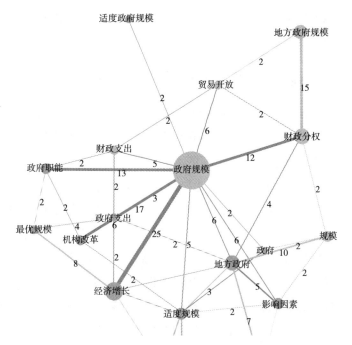

图 4 - 2 中国政府规模理论研究关键词共现网络分析

资料来源：潘卫杰. 对省级地方政府规模影响因素的定量研究 [J]. 公共管理学报，2007 (1)：33 – 41.

对于政府规模的影响因素研究，国内外研究主要是从财政收支数量规模和政府人员规模两个角度开展对政府规模影响因素的研究。

（一）从财政收支的数量规模角度研究政府规模变化的影响因素

经济学和财政学理论主要从政府财政收支规模视角研究政府规模。最为早期和著名的研究是 19 世纪的瓦格纳法则。瓦格纳法则认为，人均 GNP 与政府公共支出规模呈正相关，是影响政府规模的重要因素。在此基础上，20 世纪 70 年代，尼斯坎南等公共选择理论学者从个体主义方法论出发，认为官僚追求预算最大化，导致政府支出规模的扩大。20 世纪 90 年代，巴罗（Barro）、阿米（Armey）等学者相继提出政府规模与经济增长之间存在着倒"U"型关系，存在政府最优规模。潘卫杰以财政支出与地方政府当年 GDP 比率测度政府规模，认为经济发展水平与中国省级政府规模呈负相关、市场化指数和人口因素与中国省级政府规模呈高度负相关。

（二）从人员数量规模角度研究政府规模变化的影响因素

朱光磊等从官员规模角度研究了政府规模问题，认为官民比、经济发展水平、政府财力、农业人口和政府职能是制约政府规模的五个基本因素；中国在政府官员规模方面的主要问题并不是绝对规模过大，而是比例、结构不合理和"运行性过剩"。[1] 程文浩等认为，财政供养人员规模影响因素主要有三个方面：经济社会发展、经济体制转型与政府职能转变因素、政府控制和优化手段等。[2] 袁飞等实证研究了财政集权过程中转移支付增加对地方财政供养人口的影响。[3] 陈宇峰等通过实证研究发现，经济发展水平、人均本级财政收入、公共服务需求对整体财政供养人口规模有正的影响；人口规模、人均转移支付和对外开放程度的增加对整体财政供养人口规模会有抑制作用。[4] 张光通过实证研究发现财政支出规模、行政机构的编制改革是影响公务员规模变动的主要因素。[5]

（三）同类研究评述及本书的研究意义

虽然国内外理论界对政府规模影响因素实证研究较多、取得许多丰富的研究成果，但现有研究主要是聚焦于财政收支规模、政府人员规模等两个方面对政府规模研究，忽略了对最为直接的政府机构数量层面的政府规模研究。可以说，直接针对政府机构数量规模变化影响因素的定量研究，是政府规模研究的空白点。值得注意的是：现有研究结论中，

---

① 朱光磊，张东波. 中国政府官员规模问题研究 [J]. 政治学研究，2003（3）：91 – 99.

② 程文浩，卢大鹏. 中国财政供养的规模及影响变量——基于十年机构改革的经验 [J]. 中国社会科学，2010（2）：84 – 102.

③ 袁飞，陶然，徐志刚等. 财政集权过程中的转移支付和财政供养人口规模膨胀 [J]. 经济研究，2008（5）：70 – 80.

④ 陈宇峰，钟辉勇. 中国财政供养人口规模膨胀的影响因素与结构偏向 [J]. 经济社会体制比较，2012（1）：22 – 34.

⑤ 张光. 财政规模、编制改革和公务员规模的变动：基于对 1978—2006 年的实证分析 [J]. 政治学研究，2008（4）：97 – 107.

不同学者对某些因素如何解释和分析政府规模，尚有较大的分歧和争议，未能达成理论共识。这些理论分歧主要包括三点。（1）瓦格纳法则是否适用于中国政府规模的变化。多数学者认为瓦格纳法则在解释中国政府规模时依然有效；但也有学者认为瓦格纳法则并不适用于现阶段的中国。① （2）财政分权理论是否适用于解释中国政府规模变化。多数学者认为财政分权限制政府规模增长；但也有学者否定这一观点。（3）对外开放是促进政府规模增加、还是减少的因素？有学者认为两者是正相关关系，② 也有学者认为是倒"U"型关系。③ 总之，从政府机构数量变化角度研究政府规模，有利于进一步验证现有政府规模研究的理论成果，促进就政府规模研究进一步达成理论共识。现存的这些理论空白和分歧，为本书开展研究提供了理论基础和出发点。

三、研究假设、数据与模型

（一）研究假设

1. 经济增长因素

经济增长是政府机构数量增长的物质基础。经济增长快，就能更好地为政府机构规模扩张提供经济条件。自瓦格纳法则提出以来，国内外许多学者都通过实证研究，检验瓦格纳法则的适用性。理查德·瓦格纳等（Richard E. Wagner et al.）通过对二战后34国的研究认为，把瓦格纳法则解释为政府活动扩张现象更为合适，仅表示政府支出扩张的瓦格纳法则并不能称为法则。④ 拉蒂·拉姆（Rati Ram）通过对115个国家的跨国实证研究得出结论，政府规模与经济增长具有正相关关系，尤其

---

① 吴木銮，林谧. 政府规模扩张：成因及启示 [J]. 公共管理学报，2010（4）：1-11.
② 杨灿明，孙群力. 外部风险对中国地方政府规模的影响 [J]. 经济研究，2008（9）：115-121.
③ 梅冬州，龚六堂. 开放真的导致政府规模扩大吗？ [J]. 经济学季刊，2012，12（1）：245.
④ Wagner R E, Weber W E. Wagner's Law, fiscal institutions, and the growth of government [J]. National Tax Journal，1977，30（1）：59-68.

是对于低收入国家，这种相关关系更为强烈。[1] 孙群力验证了瓦格纳法则在中国的适用性，认为经济增长都导致了地方政府规模的扩大。[2]

假设 4 - 1：在当前所处的发展阶段，地区经济增长越快，区域内政府机构数量会增多，经济发展水平与政府机构数量规模呈正相关关系。

2. 财政因素

从财政角度分析和解释政府规模的增长是当前政府规模研究的重点内容。政府规模增长的财政因素主要有三种。一是财政支出总体规模变化。作为政府规模的两个衡量尺度，政府支出规模与机构数量规模必然存在内在的相关关系，政府支出规模的扩张，必然会导致政府机构数量的增加。李丙红和李和中以 2006 年全国 30 个省级行政单位为样本，认为政府财力与我国省级政府人力规模呈高度正相关。[3] 二是财政分权的程度。"利维坦假说"理论认为进行财政分权能够限制政府"利维坦"的扩张。马洛（Marlow M L）验证了财政分权能够有效控制政府规模的增长。[4] 庄玉乙等通过实证研究发现，财政分权有助于缩减政府财政规模，"利维坦假说"在中国也适用。三是财政转移支付的规模变化。国内外理论界在分析转移支付对政府规模影响时提出了著名的粘蝇纸效应（flypaper effect），即随着中央对地方转移支付的增加，地方政府规模会出现扩张和膨胀。范子英等通过研究后发现，人均财政转移支付每增加 1 万元，会使得每万人的机关人数增加 62 人。[5] 袁飞等利用中国1994～2003 年县级面板数据进行研究后，认为转移支付增加与财政供养人口规模膨胀存在因果关系。[6] 为进一步验证上述三个财政因素是否

① Ram R. Government size and economic Growth—A new framework and some evidence from cross section and time series data [J]. Am Econ Rev, 1986, 76 (1): 191 - 203.
② 孙群力. 中国地方政府规模影响因素的实证研究 [J]. 财政研究, 2010 (1): 38 - 41.
③ 李丙红, 李和中. 我国省级政府人力规模影响因素定量分析 [J]. 北京行政学院学报, 2008 (5): 53 - 57.
④ Marlow M L. Fiscal decentralization and government size [J]. Public Choice, 1988 (3): 259 - 269.
⑤ 范子英, 张军. 粘纸效应: 对地方政府规模膨胀的一种解释 [J]. 中国工业经济, 2010 (2): 5 - 15.
⑥ 袁飞, 陶然, 徐志刚等. 财政集权过程中的转移支付和财政供养人口规模膨胀 [J]. 经济研究, 2008 (5): 70 - 80.

能够解释政府机构数量的增长，本章做出如下三个假设。

假设4-2：随着政府财政支出规模的增长，政府机构数量会增多，财政支出与政府机构数量具有正相关关系。

假设4-3：财政分权理论同样适用于政府机构数量规模的变化，即随着财政分权程度提高，政府机构数量会越少，财政分权与政府机构数量具有负相关关系。

假设4-4：粘纸效应同样适用于政府机构数量变化，地区转移支付增多，区域内政府机构数量就会增多，转移支付与政府机构数量具有正相关关系。

3. 对外开放因素

国内外理论研究都认为对外开放活动可能导致政府规模扩大，主要是指政府支出规模的扩大。拉蒂·拉姆通过对150个国家41年的面板数据分析研究发现，对外开放与政府规模存在正相关关系。[①] 对外开放程度作用于政府规模主要体现防范和降低对外风险方面。在对外开放过程中，为防范和降低开放风险，地方政府通常会增加社会福利和社会保障方面的公共开支，导致政府规模的扩大。[②] 梅冬州和龚六堂还认为，导致两者之间关系的另一种力量是外部竞争压力带来的国内市场化改革，他们研究发现开放程度与政府规模在我国东部地区呈负相关，在中西部地区呈正相关。[③] 杨灿明等利用28个省区市1978~2006年的数据分析了外部风险对中国地方政府规模的影响，认为外部风险导致了地方政府财政规模的扩大。[④]

假设4-5：随着地区对外开放程度的增加，区域内政府支出规模扩大，政府机构数量会增多，对外开放与政府机构数量具有正相关关系。

[①] Ram R. Openness, country size, and government size: Additional evidence from a large cross-country panel [J]. Journal of Public Economics, 2009, 93 (1-2): 213-218.

[②④] 杨灿明, 孙群力. 外部风险对中国地方政府规模的影响 [J]. 经济研究, 2008 (9): 115-121.

[③] 梅冬州, 龚六堂. 开放真的导致政府规模扩大吗? [J]. 经济学 (季刊), 2012, 12 (1): 245.

4. 人口和城镇化因素

在既定的行政区域面积内，人口因素和城镇化也影响政府机构数量的变化。一方面，从个体公共事务需求的角度来看，人口的增多必然导致公共事务需求总量增加，势必驱动政府机构数量的增长。但是国内外许多学者在研究人口规模与政府规模关系时，都得出两者存在负相关的一致结论。另一方面，城镇化也通过人口因素作用于政府规模，城镇化越高的地区，人口越密集，需要的政府机构数量越多。基于此，本章提出如下两个假设。

假设4-6：地区内人口规模增大，政府机构数量会增多，人口规模与政府机构数量具有正相关关系。

假设4-7：地区内城镇化程度越高，政府机构数量会增多，城镇化与政府机构数量具有正相关关系。

5. 其他因素

作为社会领域的公共机构，地区社会组织数量的增长对政府机构数量规模会产生替代效应。从承担公共事务管理职能角度来看，随着经济社会的发展和社会组织数量的增长，政府原先承担的部分公共事务管理职能将逐渐转移给社会组织，原来承担这部分职能的政府机构必然会逐步被整合或取消，政府机构数量会趋于减少。从公共产品和服务供给的角度来看，社会组织能够替代政府有效提供部分公共产品，使原来提供这部分公共产品的政府机构得到精简、裁撤。发展社会组织可以控制政府规模，说明了两者之间具有替代关系。

假设4-8：地区内社会组织越多，区域内政府机构数量越少，社会组织数量与政府机构数量具有负相关关系。

（二）数据来源

本章采用1998～2015年中国国家统计局《中国统计年鉴》（中国统计出版社）的数据，选取全国31个省、自治区和直辖市（台湾地区、香港特别行政区、澳门特别行政区除外）为研究对象。频率为年度。为了解决各个影响因素变量单位不统一取值大小不一可能带来的模型异方差问题、上一年度对下一年度的影响问题，本章在数据上均采用各个指标的年增长率为分析对象，单位为%（变量见表4－1）。

（三）变量及其测量

表4－1　　　　　　政府机构数量变化的各种影响因素变量

变量性质	变量名称	指标及符号
因变量（被解释变量）	政府机构增长	机关法人单位数增长率（government）
自变量（解释变量）	经济增长因素	人均地区生产总值增长率（GDPpercapita）
自变量（解释变量）	财政支出因素	地区财政支出增长率（fiscalexpenditure）
自变量（解释变量）	转移支付因素	（地区预算内支出－预算内收入）增长率（transfer）
自变量（解释变量）	财政分权因素	（地区预算收入/预算支出）增长率（decentralization）
自变量（解释变量）	城市化水平	城镇人口增长率（urbanization）
自变量（解释变量）	对外开放	地区进出口额增长率（open）
自变量（解释变量）	人口增长	年末常住总人口增长率（population）
自变量（解释变量）	社会组织发展	社会团体数增长率（NGO）

（四）模型的建立

计量模型如下：

$$Y_i = A + B_1 \cdot GDPpercapita + B_2 \cdot fiscalexpenditure + B_3 \cdot transfer +$$
$$B_4 \cdot decentralization + B_5 \cdot urbanization + B_6 \cdot open + B_7 \cdot$$
$$population + B_8 \cdot NGO + C_i \qquad\qquad 模型（4－1）$$

模型（4－1）中，Y_i 表示31各省份（不包括港澳台）中的 i 省份的机关法人单位数量。$B_1 \sim B_8$ 为各个因素变量对社会组织数量的弹性系数。以 B_1 为例，当人均地区生产总值增加1个百分点时，政府机关法人单位数量将增加 B_1 个百分点。A 为常数项。C_i 为随机扰动项。

四、实证结果与分析

运用数据分析软件工具 Stata 对数据进行实证分析后，主要变量数据的统计特征描述见表4－2。

表4-2   主要变量的统计特征描述

变量名	观察值	平均值	标准差	最小值	最大值
Y	525	0. 0169647	0. 2262998	- 0. 6119274	1. 633814
GDPpercapita	527	0. 1307637	0. 0641217	- 0. 0323915	0. 370087
fiscalexpenditure	527	0. 2002402	0. 0935078	- 0. 1178784	0. 7437052
transfer	527	0. 2248197	0. 2161456	- 0. 5116173	2. 182372
decentralization	527	0. 0416604	0. 320084	- 0. 8064516	4
urbanization	493	0. 0397685	0. 2754289	- 1	5. 609365
open	527	0. 2002002	0. 2439784	- 0. 5947404	1. 520775
population	527	0. 0084682	0. 015912	- 0. 0735545	0. 1898253
NGO	527	0. 0510048	0. 130436	- 0. 55044	1. 631579

为了确定哪一种回归结果更合适，研究对方程进行了豪斯曼检验。[①] 豪斯曼检验结果表明，卡方值为 5.68，P 值 = 0.6832，这说明研究采用随机效应模型分析更为准确（见表4-3和表4-4）。

表4-3   固定和随机效应模型选择的豪斯曼检验结果

	——Coefficients——			
	(b) fe	(B) re	(b - B) Difference	sqrt diag(V_b - V_B) S. E.
GDPpercapita	- 0. 3628287	- 0. 3646128	0. 0017842	0. 0719922
fiscalexpe ~ e	0. 1509399	0. 1469387	0. 0040013	0. 0426882
transfer	- 0. 1424152	- 0. 1352401	- 0. 007175	0. 0140839
decentrali ~ n	0. 0339534	0. 0329015	0. 0010519	0. 0109226

---

① 面板数据中，固定效应模型和随机效应模型的选取根据豪斯曼检验值来确定。固定效应模型是指允许每个个体可以有不同的截距参数，随机效应模型把个体间的异质性作为一个随机成分。

续表

	——Coefficients——			sqrt
	（b） fe	（B） re	（b－B） Difference	diag（V_b－V_B） S. E.
urbanization	0. 1236029	0. 1234133	0. 0001896	0. 0113081
open	－0. 0588586	－0. 062515	0. 0036564	0. 0142046
population	－2. 863936	－1. 38829	－1. 475647	0. 6715978
NGO	0. 0798208	0. 0761663	0. 0036545	0. 0264551

b = consistent under Ho and Ha；obtained from xtreg

B = inconsistent under Ha，efficient under Ho；obtained from xtreg

Test：Ho：differenc in cofficients not systematic

chi2（8）＝（b－B）′［（V_b－V_B）^（－1）］（b－B）

＝ 5. 68

Prob＞chi2 ＝ 0. 6832

表 4－4　　　　　　　　　随机效应模型回归结果

Random – effects GLS regression				Number of obs ＝491		
Group variable：地区 2				Number of groups ＝31		
R-sq：				Obs per group：		
within ＝0. 0630						min ＝10
between ＝0. 2412						avg ＝15. 8
overall ＝0. 0554						max ＝17
				Wald chi2（8）＝28. 28		
corr（u_i，X）＝0（assumed）				Prob＞chi2 ＝0. 0004		
Y	Coef.	Std. Err.	z	P＞│z│	［95% Conf. Interval］	
GDPpercapita	－0. 3646128	0. 209989	－1. 74	0. 083	－0. 7761836	0. 046958
fiscalexpenditure	0. 1469387	0. 1488667	0. 99	0. 324	－0. 1448346	0. 438712
transfer	－0. 1352401	0. 0584396	－2. 31	0. 021	－0. 2497797	－0. 0207006
decentralization	0. 0329015	0. 0415339	0. 79	0. 428	－0. 0485035	0. 1143065
urbanization	0. 1234133	0. 0365709	3. 37	0. 001	0. 0517356	0. 1950911
open	－0. 062515	0. 0469862	－1. 33	0. 183	－0. 1546062	0. 0295763
population	－1. 38829	0. 7352208	－1. 89	0. 059	－2. 829296	0. 0527168
NGO	0. 0761663	0. 0799458	0. 95	0. 341	－0. 0805246	0. 2328572
_cons	0. 0767387	0. 0278938	2. 75	0. 006	0. 0220678	0. 1314096
sigma_u	0					
sigma_e	0. 22550825					
rho	0	（fraction of variance due to u_i）				

（一）经济增长、转移支付、对外开放与政府机构数量增长具有负相关关系

经济增长与政府机构数量规模在 10% 的显著性水平上存在负相关关系，假设 4-1 不成立。这说明解释政府支出扩张的瓦格纳法则用来解释中国政府机构数量增长是不成立的，这也可能与瓦格纳法则不能适用于中国政府规模变动的结论有关系。这也一定程度上印证了有关学者认为瓦格纳法则在中国是不成立的结论。[①] 转移支付的增长与政府机构数量增长在 5% 以内的显著性水平上存在负相关关系，假设 4-4 不成立。这说明，描述转移支付与政府支出规模增长的粘蝇纸效应并不能推广到政府机构规模扩张的层面。对外开放与政府机构数量增长的负向水平微弱，并且显著性水平不高，两者之间的关系有待研究进一步检验。

（二）城镇化、财政支出、财政分权与政府机构数量的增长具有正相关关系

城镇化与政府机构数量规模在 1% 的显著性水平上存在正相关关系，城镇化提高 1 个百分点，政府机构数量规模可能提高 0.12 个百分点，原假设 4-7 成立。财政支出增长与政府机构数量增长存在正相关关系，原假设 4-2 成立。财政分权程度的深化与政府机构数量增长并未体现出负相关性，原假设 4-3 不成立。这也进一步说明，财政分权在限制政府数量规模效果上体现得并不像国内外理论界设想得充分，财政分权能否对政府机构数量规模地发挥限制效应还有待斟酌。这一定程度上也印证了财政分权理论不能适用于中国政府规模的结论，例如郭庆旺等认为财政支出分权对县级地方政府支出规模具有显著的正效应，[②] 孙群力认为支出分权导致地方政府规模的扩大，[③] 苏晓红等认为财政分

① 吴木銮，林谧. 政府规模扩张：成因及启示 [J]. 公共管理学报，2010（4）：1-11.
② 郭庆旺，贾俊雪. 财政分权、政府组织结构与地方政府支出规模 [J]. 经济研究，2010（11）：59-72.
③ 孙群力. 财政分权对政府规模影响的实证研究 [J]. 财政研究，2008（7）：33-36.

权对政府规模约束关系在中国不成立。①

（三）人口增长与政府机构数量增长之间具有负相关关系

人口增长与政府机构数量增长在 10% 的显著性水平上存在负相关关系，原假设 4 - 6 不成立。从经济学上对这一结论的解释是，政府机构数量在人口规模方面存在规模经济，政府机构数量增长像企业存在规模经济一样进入规模不经济阶段。政治学和公共管理相关理论对这一结论的解释更为充分，即中国政府机构设置存在"上下同构"现象。这种机构设置逻辑要求各个地区无论人口多少，都按照"上下对口、左右对齐"的原则进行规模设置。有的人口规模较小的地区，政府机构数量规模反而相对较大。这一结论也印证了李丙红等认为人口因素与省级政府人力规模呈负相关关系的结论。②

（四）社会组织数量增长与政府机构数量增长之间不具有负相关关系

现阶段内，中国社会组织数量增长与政府机构数量增长之间体现出了微弱的正相关关系。这说明我国社会组织发展不充分，存在"先天不足、后天失调"的现象，社会团体等社会组织有较强的行政化倾向，在现阶段，尚未发挥出对政府机构的替代效应。

五、结论与启示：改革须优化机构数量规模

经济增长与政府机构数量增长的负相关关系说明，经济增长与政府机构数量增长之间可能存在倒"U"型关系（Armey 曲线对于解释中国政府机构规模与经济增长关系时成立），我国政府机构数量规模已经超越最优政府规模，与经济增长更多地体现出负面相关关系。深化机构改革是一项长期任务。

---

① 苏晓红，王文剑. 中国的财政分权与地方政府规模 [J]. 财政研究，2008（1）：44 - 46.
② 李丙红，李和中. 我国省级政府人力规模影响因素定量分析 [J]. 北京行政学院学报，2008（5）：53 - 57.

（一）继续推进层级扁平化、大部制及行政区划等政府内部组织机构改革，优化政府机构数量和规模

从组织理论分析政府内部组织结构因素，管理层次和控制幅度是决定政府机构数量变化的两个重要维度。一是要继续减少政府层级，以政府扁平化降低政府机构数量和规模。在管理层次上，我国政府体系是五级政府体制（中央—省级—地级市—县、县级市—乡镇）。虽然近年来有的地区推进"省管县"或"扩权强县"改革，但是地级市这一层级在政府体系中仍然是重要的管理层级，五级政府体制变化还较少，扁平化政府尚未形成。二是积极稳妥推进大部制改革。实践上，目前导致中国政府机构数量变化的内部因素直接来源于横向层面政府控制幅度的变化，尤其是政府大部制改革减少了政府组织内部部门层面的控制幅度，降低了横向的政府机构数量。三是随着我国新型城镇化的深入推进，大量农业人口转移到城镇居住，成为城镇人口。应当持续深入地进行县级和乡级行政区划的整合和调整，适时减少政府组织在层级方面的控制幅度，以此降低政府机构数量。

（二）积极推进省以下多层级政府之间的财政分权，发挥财政分权对政府机构规模增长的约束作用

有学者认为，许多实证研究不能支持财政分权理论的重要原因是在测量分权时使用了不同的财政分权测量指标。本书的研究不能支持财政分权理论的重要原因可能是选用的分权指标是中央对各省的分权程度。有学者研究表明，省以下财政分权对政府规模的大小起到重要影响，无论采用收入端还是支出端，分权水平均负向显著影响政府规模。[1] 因此，中央对地方的财政分权并不能起到很好的限制地方机构数量扩张的作用，应该将财政分权重点转移到省以下各级政府之间的财政分权，从而发挥财政分权对政府规模的约束作用。

---

[1] 庄玉乙，张光．"利维坦"假说、财政分权与政府规模扩张：基于1997—2009年的省级面板数据分析［J］．公共行政评论，2012（4）：5-26．

（三）把推进政府职能转变作为机构改革的重心，考虑城镇化、财政支出规模等宏观因素对机构增长的客观需求

精简机构改革要围绕政府职能转变、事权调整等中心任务进行，并考虑城镇化、财政支出规模等宏观因素对机构的客观需求。除机构自身因素外，城镇化、财政支出规模扩大等因素都构成了政府机构数量扩张的外在宏观因素。长期以来，我国政府机构改革之所以处于"精简—膨胀—再精简—再膨胀"的恶性循环之中，一个重要原因是，忽视了政府机构承担的事权变化对政府机构数量的影响。这些事权很大程度上是经济社会发展导致的，例如城镇化。在未来的政府行政体制改革过程中，不能"一味地进行机构精简"，机构精简仅仅是行政改革的先导、不能是通常惯用做法，精简机构的中心任务必须围绕政府职能转变或事权精简进行。在建立科学的中央与地方、地方各级政府之间事权与支出责任划分机制条件下，打破"上下同构"的机构设置模式。充分利用人口规模与政府机构规模之间的规模经济效应，在经济落后地区、人口规模较小的地区，大力推进政府机构和部门的整合、合并，精简政府机构。

（四）推进社会组织"去行政化"改革，促进社会组织健康发展，充分发挥社会组织对机构规模的替代效应

积极推进社会组织自身的改革与发展。重点是要推进行业协会等社会组织与政府行政机构脱钩，防止社会组织过度行政化的倾向，避免社会组织成为"二政府"。在公共服务提供方面，改变传统的以政府办事业或直接提供的方式，大力推进政府向社会组织购买公共服务，建立稳定持续的政府向社会组织购买公共服务的财政保障机制。在转移政府职能方面，政府应该把"自己管不好、自己管不了"并且"社会组织能有效管理"的社会事务，向社会组织转移。充分发挥社会组织的替代效应，有效地控制政府机构数量及规模。

本 章 小 结

　　单纯用瓦格纳法则、粘蝇纸效应等西方理论解释中国政府机构数量增长，是不成立的。

　　各地区政府机构数量的增长受到多种宏观因素的影响和制约。哪些因素对一个地区内政府机构数量增长幅度的影响是具有显著相关性的？通过对 1998～2015 年 31 个省级区域（不包括港、澳、台）机关法人单位的面板数据分析，得出实证研究结论：第一，经济增长、转移支付、对外开放与政府机构数量增长具有负相关关系。第二，城镇化、财政支出、财政分权与政府机构数量的增长具有正相关关系。单纯用瓦格纳法则、粘蝇纸效应等理论解释中国政府机构数量增长，是不成立的。第三，人口增长与政府机构数量增长之间具有负相关关系，两者存在规模经济。

第五章
社会组织数量规模增长的
影响因素实证研究

一、社会组织数量规模的省际差异

改革开放以来，中国的社会组织从无到有，不断发展壮大。社会组织从最初的新生事物已经逐渐为社会所认知和接受，总体上呈现平稳发展的态势。从社会组织总体数量来看，全国社会组织从1992年15万个，逐步增长到2014年的60万个，增长了4倍。从社会组织职工数量来看，全国社会组织职工人数从2006年425万增长到2014年的682万，从业人员逐年递增。从行业增加值来看，全国社会组织产业增加值从2006年112亿元，增加到2014年的650亿元（见图5-1、图5-2和图5-3）。从社会组织内部的结构来看，无论是社会团体，

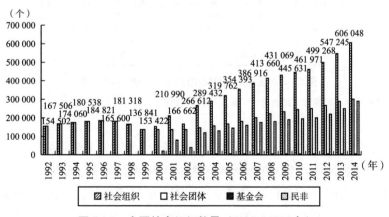

图5-1　全国社会组织数量（1992~2014年）

数据来源：民政部《民政统计年鉴》，由EPS数据库整理。

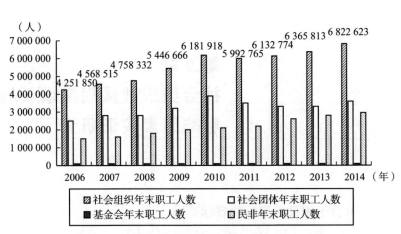

图 5 - 2　全国社会组织职工人数（2006～2014 年）

数据来源：民政部《民政统计年鉴》，由 EPS 数据库整理。

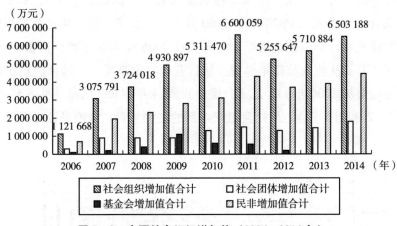

图 5 - 3　全国社会组织增加值（2006～2014 年）

数据来源：民政部《民政统计年鉴》，由 EPS 数据库整理。

还是基金会、民办非企业，其组织数量、从业人员总体上都呈现上升趋势。

我国地区间社会组织发展不平衡，体现出显著的差异性特征，这是中国社会组织（NGO）在空间发展结构上的鲜明特征。中国 NGO 发展在区域之间、城乡之间和不同领域之间，呈现巨大的差距，在沿海地区、特大城市发展快；有的领域 NGO 出现低水平重复建设，但有的领域极少有 NGO 进入。① 一方面，从历史时间维度上来看，不同地区的社会组织都有较大的发展。从 2007 年到 2014 年，有的省份社会组织数量呈现较快增长态势，例如江苏、浙江和广东等；有的省份社会组织数量并未呈现较快增长态势，有的省份社会组织数量还呈现下降趋势（如山东等）。另一方面，从横向比较维度来看，不同地区社会组织发展程度的差异性较大。2014 年，各省份社会组织数量最多的有 7 万多家，最少的省份社会组织数量 600 家，两者相差一百多倍（见表 5 - 1）。2007 ~ 2014 年，各省份社会组织数量变异系数②始终保持在 0.7 以上。此外，无论是从总体来看，还是分类型来看，我国社会组织省域分布是非常不均衡的。③

表 5 - 1　　　全国各省份（除港、澳、台外）的社会组织
数量（2007 ~ 2014 年）

区域	2007 年	2008 年	2009 年	2010 年	2011 年	2012 年	2013 年	2014 年
全国	386 916	413 660	431 069	445 631	461 971	499 268	547 245	606 048
中央级	1 898	1 947	1 984	2 006	2 063	2 125	2 190	2 252
北京	6 154	6 559	6 856	7 173	7 589	7 993	8 560	9 083
天津	3 873	4 019	4 143	4 155	4 190	4 235	4 516	4 729
河北	15 266	14 884	15 068	15 283	15 823	16 534	16 530	17 642
山西	8 359	9 642	10 092	10 386	10 629	11 429	11 611	12 330
内蒙古	6 335	7 017	7 763	8 227	8 812	9 799	10 685	11 790
辽宁	17 069	17 748	18 167	19 023	18 792	20 637	19 494	20 137
吉林	7 566	8 068	8 384	8 376	8 620	8 531	9 193	10 521
黑龙江	10 442	11 233	11 954	12 378	12 995	13 316	12 672	12 479
上海	8 396	8 943	9 472	10 104	10 385	10 730	11 626	12 365
江苏	28 370	30 778	33 066	34 183	36 661	43 119	56 234	71 571

① 王名，贾西津. 中国 NGO 的发展分析 [J]. 管理世界，2002（8）：30 - 43.
② 变异系数：变异系数是衡量各观测值变异程度的一个统计量，其大小反映一组观测数据的平行性的好坏。变异系数 =（标准偏差/平均值）×100%。
③ 李国武. 社会组织的省域分布研究 [J]. 社团管理研究，2011（8）：37 - 40.

区域	2007 年	2008 年	2009 年	2010 年	2011 年	2012 年	2013 年	2014 年
浙江	24 345	26 277	27 580	28 937	29 448	31 880	36 426	39 844
安徽	11 966	12 877	13 960	14 856	16 888	18 727	20 705	22 549
福建	11 905	13 668	14 555	15 629	17 001	18 058	19 372	21 357
江西	9 648	10 512	10 710	10 712	11 367	12 274	13 375	14 236
山东	50 037	49 531	49 055	46 467	41 130	40 515	38 976	41 165
河南	16 965	17 469	18 396	19 140	20 091	21 088	23 577	27 572
湖北	18 917	20 174	20 839	21 963	23 327	24 873	25 778	26 560
湖南	13 105	14 223	14 992	15 940	17 111	19 318	21 663	24 011
广东	22 997	24 571	26 521	28 510	30 684	35 324	41 317	47 680
广西	12 187	12 522	13 086	12 979	13 356	14 799	17 370	20 321
海南	2 048	2 352	2 468	2 797	3 213	3 715	4 338	4 847
重庆	6 710	7 470	8 289	9 057	10 168	11 891	13 154	14 387
四川	26 537	28 345	28 469	29 104	30 274	32 637	35 050	37 800
贵州	5 681	6 130	6 429	6 600	7 153	7 460	8 295	9 424
云南	9 210	10 258	11 143	12 618	13 518	15 295	16 954	19 207
西藏	298	306	318	388	337	439	589	600
陕西	10 258	11 019	12 201	13 150	15 151	16 251	17 360	18 050
甘肃	8 943	10 171	10 015	10 323	9 983	10 402	13 335	14 400
青海	2 055	2 373	2 490	2 546	2 698	2 921	3 039	3 362
宁夏	2 770	5 118	4 810	4 533	4 288	4 127	4 002	4 324
新疆	6 606	7 456	7 794	8 088	8 226	8 826	9 259	9 453
平均值	12 420	13 281	13 841	14 310	14 836	16 037	17 582	19 477
最大值	50 037	49 531	49 055	46 467	41 130	43 119	56 234	71 571
最小值	298	306	318	388	337	439	589	600
标准差	9 882	9 984	10 146	10 092	9 920	10 827	12 507	14 856
变异系数（%）	79.57	75.18	73.30	70.52	66.86	67.51	71.14	76.27

面对社会组织的蓬勃发展态势，实现社会组织协调、健康发展对于化解和治理社会风险、推进社会治理现代化进程具有重要的意义。从全球来看，在促进地区发展过程中，政府与社会组织拥有各自不同的角色和责任。[①] 对于转型期的中国而言，社会组织能够在化解治理风险、推进社会治理中发挥作用，这是由于随着改革开放进程的深入推进，中国进入经济社会转型期。转型期也是经济社会发展脆弱期、风险期，各种新的社会治理风险接踵而至，社会治理风险加大。仅仅依托以政府为单一主体的传统科层管控模式，并不能从源头上化解和治理社会风险。这种单一主体自上而下的集中式管控模式还同时面临将社会风险集中化的负面效应，不能实现社会治理风险和责任的有效分担。因此，如何创新传统政府对社会的管理模式，实现社会治理现代化成为摆在各级党委和政府、理论界面前的重要课题。

作为现代社会活动主体之一，社会组织在表达基层利益诉求化解社会矛盾、提供公共服务、激发社会活动等方面都具有良好的促进和补充功能和作用。2013 年，党的十八届三中全会通过的《关于全面深化改革若干重大问题的决定》提出，"全面深化改革的总目标是完善和发展中国特色社会主义制度，推进国家治理体系和治理能力现代化"。为此，《决定》要求创新社会治理体制，改进社会治理方式，激发社会组织活力。2014 年，党的十八届四中全会通过的《关于全面推进依法治国若干重大问题的决定》提出，"要发挥人民团体和社会组织在法治社会建设中的积极作用。建立健全社会组织参与社会事务、维护公共利益、救助困难群众、帮教特殊人群、预防违法犯罪的机制和制度化渠道"。2016 年，《国民经济和社会发展第十三个五年规划纲要》提出，"发挥社会组织作用；健全社会组织管理制度，形成政社分开、权责明确、依法自治的现代社会组织体制"。回顾新时期全面深化改革的政策实践，可以看出，把社会组织纳入社会治理的范畴，发挥社会组织在社会治理中的积极有益作用、坚持系统治理，是中国未来社会治理改进和创新的总体方向。

---

① Atack I. Four criteria of development NGO legitimacy [J]. World Development Oxford, 1999, 27 (5)：855 – 864.

二、数量规模：社会组织研究的新视角

究竟是哪些因素影响和制约一定区域内社会组织的发展，哪些因素导致中国社会组织在区域结构上呈现出显著的差异性特征呢？社会组织发展的影响因素问题也开始受到国内外理论界的关注。

（一）国外同类研究

国外学者对社会组织发展影响因素进行了早期的研究和分析，提出了初步的分析因素。托普勒（Toepler S）和萨拉蒙（Salamon L M）对中东欧地区 NGO 发展进行了实证研究，认为这些地区 NGO 发展受到来自经济、社会等多方面因素的影响。[①] 艾伯利·布拉德（Epperly Brad）通过研究东欧国家和苏联 1998～2007 年非政府组织面板数据，认为腐败因素会降低非政府组织合法性和财政能力，这要远远大于其自身组织能力建设，腐败与非政府组织可持续发展具有很强的相关性。[②] 徐伶华（Hsu Jennifer Y J）通过案例研究，认为中国社会组织发展不仅受到中央政府的影响，还逐渐受到地方政府的影响；中国社会组织是否成功很大程度上取决于其与地方政府是否有效互动。[③]

（二）国内同类研究

国内学者主要的研究关注点是中国社会组织发展。邓国胜通过对四个案例的研究后，对改革开放以来中国社会组织发展解释提出了一个新的分析因素，即中国新富豪的慈善事业，这个因素不仅为社会组织提供

① Toepler S, Salamon L M. NGO development in Central and Eastern Europe: an empirical overview [J]. East European Quarterly 2003, 27 (5): 365 – 378.

② Epperly B, Lee T. Corruption and NGO sustainability: a panel study of post-communist states [J]. Voluntas International Journal of Voluntary & Nonprofit Organizations, 2015, 26 (1): 171 – 197.

③ Hsu J Y J, Hasmath R. The local corporatist state and NGO relations in China [J]. Journal of Contemporary China 2014 (23): 516 – 534.

了资金，还为社会组织提供了治理能力和社会影响。① 刘求实和王名等人分阶段地研究了改革开放以来我国民间组织的发展及其社会因素，认为社会组织最初发展的诱因是体制变革、公共领域的扩展和社会阶层的群体行动是此后社会组织发展的重要社会基础。② 中国行政管理学会课题组认为，我国社会组织发展不平衡，单就我国法人单位的地区分布情况看，全国半数以上法人单位集中于东部地区；造成发展不平衡的因素是：地区经济发展不平衡、传统管理体制束缚、经费资源限制等。③

王玉珍等通过对社会组织发展差异性研究后认为，社会组织发展的影响因素主要是：市场化程度、经济发展水平、人口规模和对外开放程度（这些因素都是促进因素），城市化对社会组织发展影响不显著。④ 何增科认为，社会组织发展面临制度性障碍，这些制度性障碍因素是：登记管理上的双重许可制度、民间组织监管上的双重负责体制、年度检查制度、请示报告制度等，这些制度性障碍使得社会组织发展面临着注册困境、定位困境、资金困境、知识困境、人才困境、信任困境等多重困境。⑤ 崔月琴从社会学角度研究社会组织发展后认为，社会组织发展和成长主要受传统文化观念的束缚、原有体制的影响、新运行机制的缺失等因素的制约。⑥

综上，可以看出，国外同类研究主要聚焦于社会组织发展尤其是中东欧地区社会组织发展的解释和分析，尚未出现对社会组织发展区域性差异的专门研究和分析。国内学者在研究社会组织发展影响因素基础

---

① Deng G. The influence of elite philanthropy on NGO development in China [J]. Asian Studies Review, 2015, 39 (4): 1-17.

② 胡仙芝. 论社会中介组织在公共管理中的职能和作用 [J]. 中国行政管理, 2004: 84-89.

③ 中国行政管理学会课题组. 我国社会中介组织发展研究报告 [J]. 中国行政管理, 2005 (5): 6-13.

④ 王玉珍, 王李浩. 治理现代化背景下社会组织省域发展差异分析 [J]. 中国行政管理, 2016 (10): 45-50.

⑤ 何增科. 中国公民社会组织发展的制度性障碍分析 [J]. 中共宁波市委党校学报, 2006 (6): 23-30.

⑥ 崔月琴. 转型期中国社会组织发展的契机及其限制 [J]. 吉林大学社会科学学报, 2009 (3): 20-26.

上，虽然解释和分析了中国社会组织发展的差异，但解释因素目前主要是经济层面的，缺乏来自社会、文化和政府等多方面因素的解释和分析。国内外同类研究的不足和缺陷是本章研究的理论出发点。

三、研究假设、数据与模型分析

（一）研究假设

社会组织的发展受到经济发展因素、社会因素、文化因素、政府管理因素等多种因素的影响。从理论上来看，制约和影响社会组织发展的因素主要包括 8 个方面。

1. 经济发展因素

市场经济发展为中国社会组织发展创造了物质基础，更重要的是，市场经济体制的建立和发展催生驱动了社会组织发展的经济社会需求和机遇。从个体来看，公民随着收入和物质生活水平的提高，对社会公共事务的参与意识和热情也随之逐渐增强，对社会组织的需求会逐渐增多。本章采用地区生产总值表征经济发展水平，变量符号为 gdp。

假设 5-1：地区经济发展水平越高，区域内社会组织发展越多，经济发展水平与社会组织发展呈正相关关系。

2. 城镇化因素

城镇化是人口不断从农村向城镇集中的过程，这一过程使得人口越来越密集。在城镇化背景下，越来越多的密集城镇区域的形成势必产生大量的公共事务需求。这种需求显著地表现在社区公共事务方面。许多学者都将中国城镇化进程与社会组织发展紧密联系起来，认为城镇化是助推社会组织发展的重要因素。本章采用人口城镇化率表征城镇化水平，用 ur 表示。

假设 5-2：地区的城镇化水平越高，区域内的社会组织发展越多。

3. 市场化因素

一个地区的市场化程度主要从两个方面制约社会组织的发展。首先，市场化程度与社会组织的行政化程度高度相关。地区市场化程度越高，社会的总体行政化程度和行政色彩也就越低，社会组织受到来自政府行政的干预就越少，社会组织发展就较快。在市场化程度高的地区，拥有行政色彩的协会商会等社会组织能够顺利从半官方组织完成脱钩，转变为市场化运作的社会组织。其次，在市场经济条件下，制约社会组织发展的关键问题是筹资问题。地区市场化程度越高，社会组织发挥自身从事社会服务的专业化优势，能够获得更多的资金来源，促进自身发展。本章采用私营企业就业人数表征市场化水平，用 ma 表示。

假设 5-3：地区市场化程度和水平越高，社会组织发展越多。

4. 对外开放因素

社会组织在中国是一个舶来品。从三十多年来的改革开放历程看，对外开放不仅为地区经济发展带来了所需的资金、技术和管理等要素，也为地区社会发展增添了新的活动和动力。在对外开放程度高的地区，行业协会商会等社会组织在快速发展壮大。对外开放程度越高的地区，社会组织越能够得到社会的认可和接受。本章采用进出口额表征对外开放因素，用 open 表示。

假设 5-4：地区的对外开放程度越高，社会组织越容易得到发展。

5. 教育因素

教育因素从两个方面制约和影响地区社会组织发展。一方面，随着个体受教育水平的提高，个体结社需求和水平也将随之提高。因此，拥有较高教育程度个体参加社会组织的需求和愿望要大于有较低教育程度的个体。另一方面，拥有较多教育资源和条件的地区为区域内社会组织发展提供了更好的人力资本供给，从社会组织自身发展来看，直接促进社会组织人力资源的提升和优化。本章采用普通高校学生毕业生数表征教育因素，用 edu 表示。

假设 5-5：地区人口受教育水平越高，社会组织发展越多。

6. 文化因素

思想是行动的先导。文化价值观是支配人们行为的内在要素。社会组织的发展还受到文化因素，尤其是公益文化因素的深刻影响。公益文化影响着人们对参加社会组织捐款和志愿服务的参与热情。由于缺乏经济条件，人们对社会组织也是"有心无力"；但是在拥有充足的经济条件下，对社会组织依然是"有力无心"现象说明了文化因素的潜在重要性。本章采用地区的社会捐赠款物合计金额表征公益文化因素，用 pub 表示。

假设 5-6：地区居民公益意识和水平越高，社会组织发展越多。

7. 政府管理因素

政府对社会组织的管理也是制约地区社会组织发展的重要因素。作为社会力量，社会组织在地区社会治理中的主要功能是弥补"政府失灵"和"社会失灵"，政府与社会组织有"此消彼长"的关系。如果地区内政府对社会组织实施严格的登记门槛、采取严格的管理政策，社会组织面临许多制度性的发展难题和障碍，自身发展就会受阻。本章采用政府对社会组织的管理经费投入表征政府管理因素，用 admin 表示。

假设 5-7：政府对社会组织管理越强，社会组织发展就越少。

8. 社会自治组织因素

除社会组织以外，中国地区内为公民提供自治和服务功能的专门法定机构是社会自治组织（村委会和居委会）。根据我国《村民委员会组织法》，村民委员会（村委会）是村民自我管理、自我教育、自我服务的基层群众性自治组织；根据《城市居民委员会组织法》，居民委员会（居委会）是居民自我管理、自我教育、自我服务的基层群众性自治组织。因此，在既定的空间内，一个地区村委会和居委会等社会自治组织越多，就可能产生对社会组织发展的"挤出效应"。如果自治组织较好地满足居民自治和服务需求，那么居民对社会组织的需求和服务也就会减少。本章采用社会自治组织的数量表征社会自治组织因素，用 zz 表示。

假设 5-8：社会自治组织数量越多，在"挤出效应"的作用下，社会组织数量会越少。

（二）数据来源

本章采用 2007~2014 年[①]中国国家统计局《中国统计年鉴》《民政

---

① 2007年，我国开始正式用"社会组织"代替"民间组织"，将社会组织分为三类，即社会团体、基金会和民办非企业单位（简称民非），因此本章数据的时间跨度为 2007~2014 年，各项数据变量的时间长度为 8 年。

部统计年鉴》数据，选取全国 31 个省、自治区和直辖市（不包括港澳台）作为研究对象，[①] 频率为年度，各变量及其指标见表 5 - 2。

（三）变量及其测量

表 5 - 2　　　　　　社会组织发展的各种影响因素（变量）

变量性质	变量名称	指标及符号	单位
因变量 （被解释变量）	社会组织	社会组织数量（Y）	个
		社会团体数量（Y_1）	个
		基金会数量（Y_2）	个
		民办非企业数量（Y_3）	个
自变量（解释变量）	经济发展水平	地区生产总值（gdp）	亿元
自变量（解释变量）	城镇化水平	城镇化率（ur）	%
自变量（解释变量）	市场化水平	私营企业就业人数（ma）	万人
自变量（解释变量）	对外开放程度	进出口额（open）	万美元
自变量（解释变量）	教育水平	普通高校学生毕业生数（edu）	人
自变量（解释变量）	公益文化因素	社会捐赠款物合计金额（pub）[②]	亿元
自变量（解释变量）	政府管理因素	民间组织管理费（admin）	万元
自变量（解释变量）	社会自治组织因素	自治组织（居委会村委会）数量（zz）	个

（四）模型的建立

为了解决各个社会组织发展影响因素变量单位不统一和取值大小不一可能带来的模型异方差问题，本章对各个变量进行对数化处理。计量

[①]　本书的社会组织均为地方社会组织，不包括中央本级社会组织。

[②]　国家统计局数据中，社会捐赠款物合计数据为 2010～2014 年。本章 2007～0009 年社会捐赠款物合计数据为笔者根据民政部社会福利与慈善事业促进司《中国慈善捐助报告》等资料整理而成。

模型为模型（5-1）：

$$\ln Y_i = A + B_1 \cdot \ln gdp + B_2 \cdot \ln ur + B_3 \cdot \ln ma + B_4 \cdot \ln open +$$
$$B_5 \cdot \ln edu + B_6 \cdot \ln pub + B_7 \cdot \ln admin + B_8 \cdot \ln zz + C_i$$

模型（5-1）

Y_i 表示 31 各省份（不包括港澳台）中的 i 省份的社会组织数量；$B_1 \sim B_8$ 代表为各个因素变量对社会组织数量的弹性系数。以 B_1 为例，当地区生产总值增加 1 个百分点时，社会组织数量将增加 B_1 个百分点。A 为常数项；C_i 为随机扰动项。

四、实证结果与分析

运用数据分析软件工具 Stata 对数据进行实证分析后，主要变量数据的统计特征描述见表 5-3。

表 5-3　　　　　　　　　主要变量的统计特征描述

变量	观测值	平均值	标准差	最小值	最大值	变异系数
社会组织数量（Y）	248	15 223.16	11 390.51	298	71 571	74.82%
社会团体数（Y₁）	248	8 207.669	5 218.997	280	32 706	63.59%
基金会数（Y₂）	248	76.29839	88.61137	7	558	116.14%
民非数（Y₃）	248	15 382.48	13 289.15	341.43	67 809.85	86.39%
地区生产总值（gdp）	248	15 451.95	13 239.16	341.43	67 809.85	85.68%
城镇化率（ur）	248	51.42169	14.5248	21.5	89.6	28.25%
市场化程度（ma）	248	329.611	343.4774	9.39	1 972.9	104.21%
对外开放程度（open）	248	1.04E+07	1.87E+07	39 346.4	1.09E+08	179.81%

续表

变量	观测值	平均值	标准差	最小值	最大值	变异系数
教育水平（edu）	248	19.89226	12.98301	0.59	50.16	65.27%
公益文化因素（pub）	247	11.63893	19.55164	0	134.6	167.98%
政府管理（admin）	248	704.3754	1 280.79	10	8735.8	181.83%
社会自治因素（zz）	248	22 064.38	18 067.45	2 685	86 688	81.89%

　　为了确定哪一种回归结果更合适，研究对每一个方程进行了豪斯曼检验。[①] 豪斯曼检验结果表明，卡方值为 33.29，P 值 = 0.0001，这说明研究采用固定效应模型分析更为准确。为检验回归结果的稳健性，同时探求各解释变量对社会组织数量（Y）的解释能力大小，研究首先用经济发展水平（gdp）作为初始解释变量，利用模型（5-1）进行回归，然后按照先后变量排列顺序逐步加入其他解释变量，最后形成方程（5-8）的回归结果（见表5-4至表5-7）。

表5-4　　　　　固定和随机效应模型选择的豪斯曼检验结果

	——Coefficients——			
	(b) fe	(B) re	(b−B) Difference	sqrt(diag(V_b−V_B)) S.E.
Lngdp	0.1436617	0.1866102	−0.0429485	0.0119148
Lnur	−0.0766555	0.3220534	−0.3987089	0.1214909
Lnma	0.1060191	0.1559965	−0.0499774	.
Lnopen	0.0346927	0.0309113	0.0037814	.
Lnedu	−0.4758897	−0.0628508	−0.4130388	.0730625
Lnpub	0.0006672	−0.0009822	0.0016494	.
Lnadmin	0.0289106	0.0285833	0.0003273	.
Lnzz	0.1516263	0.5725347	−0.4209084	0.2475538

[①]　面板数据中，固定效应模型和随机效应模型的选取根据豪斯曼检验值来确定。固定效应模型是指允许每个个体可以有不同的截距参数；随机效应模型把个体间的异质性作为一个随机成分。

续表

b = consistent under Ho and Ha; obtained from xtreg

B = inconsistent under Ha, efficient under Ho; obtained from xtreg

Test: Ho: difference in coefficients not systematic

$$chi2\ (8)\ =\ (b-B)'\ [\ (V\_b-V\_B)\ \hat{}\ (-1)]\ (b-B)$$
$$=\qquad\qquad 33.29$$
Prob > chi2 = 0.0001

(V_b – V_B is not positive definite)

表 5 – 5 　　　　　　　　　　固定效应模型回归结果

Fixed-effects(within) regression					Number of obs = 246	
Group variable: region					Number of groups = 31	
R-sq:					Obs per group:	
within = 0. 7548						min = 7
between = 0. 1054						avg = 7. 9
overall = 0. 0167						max = 8
corr(u_i, xb) = − 0. 3456					F (8, 207) = 79. 64	
					Prob > F = 0. 0000	
Lngdp	0. 1436617	0. 0615717	2. 33	0. 021	0. 0222737	0. 2650497
Lnur	− 0. 0766555	0. 2430371	− 0. 32	0. 753	− 0. 5558008	0. 4024898
LnY	Coef.	Std. Err.	t	P > |t|	[95% Conf. Interval]	
Lnma	0. 1060191	0. 044506	2. 38	0. 018	0. 0182759	0. 1937623
Lnopen	0. 0346927	0. 030311	1. 14	0. 254	− 0. 0250651	0. 0944505
Lnedu	− 0. 4758897	0. 0927573	− 5. 13	0. 000	− 0. 6587598	− 0. 2930195
Lnpub	0. 0006672	0. 0048738	0. 14	0. 891	− 0. 0089414	0. 0102758
Lnadmin	0. 0289106	0. 0120412	2. 40	0. 017	0. 0051714	0. 0526498
Lnzz	0. 1516263	0. 2683093	0. 57	0. 573	− 0. 377343	0. 6805956
_cons	6. 837857	2. 822638	2. 42	0. 016	1. 273052	12. 40266
sigma_u	0. 99591624					
sigma_e	0. 09250423					
rho	0. 99144644	(fraction of variance due to u_i)				
F test that all u_i = 0: F (30, 207) = 83. 33					Prob > F = 0. 0000	

表5-6　方程（5-1）至方程（5-8）固定效应模型回归结果

变量	方程（5-1）	方程（5-2）	方程（5-3）	方程（5-4）	方程（5-5）	方程（5-6）	方程（5-7）	方程（5-8）
Lngdp	0.4393414 (0.0201373)	0.3752894 (0.05185)	0.2562904 (0.0577946)	0.2314716 (0.0625537)	0.1831004 (0.0594384)	0.1812055 (0.0598101)	0.1414583 (0.0613475)	0.1436617 (0.0615717)
Lnur		0.3395929 (0.2534034)	0.2974427 (0.2447289)	0.2786725 (0.2453568)	-0.1453791 (0.243418)	-0.1077863 (0.2449856)	-0.0829628 (0.2423831)	-0.0766555 (0.2430371)
Lnma			0.181526 (0.044135)	0.1669662 (0.0463113)	0.1275 (0.0441113)	0.1208608 (0.0445155)	0.1076643 (0.044338)	0.1060191 (0.044506)
Lnopen				0.0329004 (0.0317568)	0.0265944 (0.0298556)	0.0261219 (0.0304083)	0.0346042 (0.0302609)	0.0346927 (0.030311)
Lnedu					-0.5007413 (0.0924181)	-0.4952094 (0.0930595)	-0.480926 (0.092177)	-0.4758897 (0.0927573)
Lnpub						0.0007905 (0.0049199)	0.0005914 (0.0048639)	0.0006672 (0.0048738)
Lnadmin							0.0291623 (0.0120133)	0.0289106 (0.0120412)
Lnzz								0.1516263 (0.2683093)
C	5.255745 (0.1860909)	4.522399 (0.577887)	4.817755 (0.5622201)	4.708406 (0.571947)	8.444925 (0.874224)	8.342935 (0.8846999)	8.354222 (0.874535)	6.837857 (2.822638)
Obs	248	248	248	248	248	246	248	246
F	120.44	239.77	177.32	133.30	126.71	103.08	91.27	79.64

注：表中回归系数下方小括号内数值为回归系数的标准误。

表5-7　社会团体、基金会和民非发展的影响因素模型回归结果

变量名	社会团体（LnY1）	基金会（LnY2）	民非（LnY3）
Lngdp	0.1275975 （0.0572497）	0.9864155 （0.1034857）	0.9336183 （0.0449393）
Lnur	-0.0195057 （0.2259775）	0.8594961 （0.4084811）	-0.0501957 （0.1773856）
Lnma	0.098525 （0.041382）	0.1226241 （0.0748028）	-0.0342819 （0.0324836）
Lnopen	0.0193905 （0.0281834）	-0.0575121 （0.0509448）	0.0212278 （0.0221231）
Lnedu	-0.3013634 （0.0862463）	0.0532638 （0.1559005）	-0.1052546 （0.0677008）
Lnpub	0.0011991 （0.0045317）	-0.0092148 （0.0081915）	-0.0006053 （0.0035572）
Lnadmin	0.0201677 （0.011196）	0.0298344 （0.0202381）	0.0070679 （0.0087885）
Lnzz	-0.011254 （0.2494758）	0.4879683 （0.4509571）	0.2801824 （0.195831）
C	7.634824 （2.624508）	-13.40531 （4.744109）	-1.809259 （2.06016）
Obs	246	246	246
F	55.18	187.44	665.61

（一）经济增长、市场化、对外开放与社会组织发展具有显著正相关关系，假设5-1、假设5-3、假设5-4成立

表5-6中，在经济增长方面，方程（5-1）至方程（5-8）回归系数都显著为正，方程（5-1）至方程（5-4）回归系数均为0.2以上；方程（5-5）至方程（5-8）回归系数均为0.1以上。根据方程（5-8）模型的实证分析，经济每增长1个百分点，社会组织数量增长0.14个百分点；其中，经济增长对基金会和民办非企业（简称民非）影响较大，经济每增长1个百分点，基金会和民办非企业数量增长0.9个以上百分点。从散点图来看，各地区经济增长与社会组织、社会团体、基金会和民办非企业发展具有很好的线性拟合关系（见图5-4至

图5-7）。在市场化方面，方程（5-3）至方程（5-8）回归系数都显著为正，回归系数均为0.1以上；根据方程（5-8）模型的实证分析，市场化每增长1个百分点，社会组织数量增长0.1个百分点。在对外开放方面，方程（5-4）至方程（5-8）回归系数都显著为正，回归系数均为0.3以上；根据方程（5-8）模型的实证分析，对外开放程度每增长1个百分点，社会组织数量增长0.34个百分点。

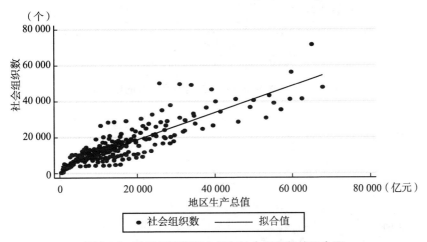

图5-4　地区经济发展水平与社会组织数的拟合图

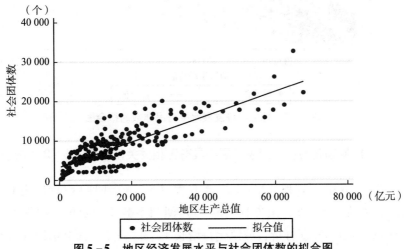

图5-5　地区经济发展水平与社会团体数的拟合图

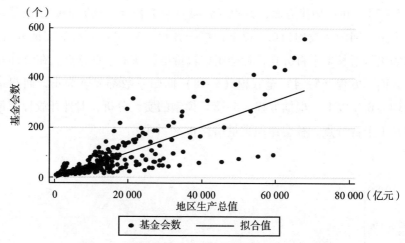

图 5 - 6　地区经济发展水平与基金会数的拟合图

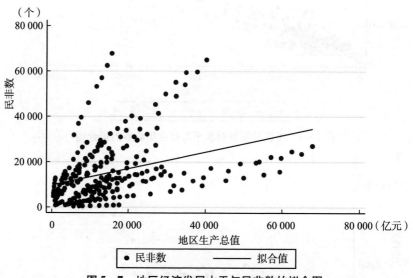

图 5 - 7　地区经济发展水平与民非数的拟合图

（二）城镇化与社会组织发展不具有正相关关系，假设 5 - 2 不成立

表 5 - 6 中，方程（5 - 1）至方程（5 - 4）回归系数均为 0.2以上，方程（5 - 5）至方程（5 - 8）回归系数均为负值。根据方程（5 - 8）模型的实证分析，城镇化每增长 1 个百分点，社会组织数量增长 0.076 个百分点。根据模型对社会团体、基金会和民非发展的影响因

素回归分析，也都证明了城镇化与社会组织发展不存在正相关关系。研究结论也印证了王玉珍等学者的发现。[①] 有学者认为出现这种情况可能与政府关于社会团体的政策有很大关系，政府鼓励农村发展专业化经济协会，农村人口越多的省份这类社会团体越多。[②] 出现这种结果的还有一个重要的原因是，我国目前的城镇化进程还处在发展阶段，主要完成人口居住意义上的城镇化，尚未实现户籍的城镇化。由于没有实现完全意义上户籍的城镇化，居住在城镇人口对公共事务的需求没有释放出来，难以形成对社会组织发展的促进动力。

（三）教育因素与社会组织发展不具有正相关关系，假设 5-5 成立

表 5-6 中方程（5-5）至方程（5-8）回归系数都显著为负，均为 0.47 以上，说明原假设的正相关关系不成立。这是因为在现阶段，社会组织对于广大高校毕业生来说还是一个新鲜事物，高学历人群对社会组织认知度不高。大多数高校毕业生主要关注的就业渠道是政府机关、事业单位、国有企业和民营企业，对到社会组织就业还缺乏认识。客观上来看，由于社会组织先天不足、后天发展畸形等原因，许多社会组织内部治理能力差，内部治理问题频现（例如郭美美事件），高学历人群对社会组织的信赖程度还较低。这一点事实上与中国社会组织发展面临信任危机的判断是一致的，社会组织信任危机既有来自政府的，也有来自社会大众的。[③]

（四）文化因素对社会组织发展具有正相关关系，假设 5-6 成立

表 5-6 中方程（5-6）至方程（5-8）回归系数都为正，说明公益文化因素与社会组织发展存在正相关关系。地区慈善捐赠、志愿服务等公益文化越浓厚，公益渠道获得的款物就会越多，就能为社会组织发展提供更多的人力、物力和财力支持。在市场经济的背景下，

---

① 王玉珍，王李浩.治理现代化背景下社会组织省域发展差异分析 [J].中国行政管理，2016 (10)：45-50.
② 李国武.社会组织的省域分布研究 [J].社团管理研究，2011 (8)：37-40.
③ 文军.中国社会组织发展的角色困境及其出路 [J].江苏行政学院学报，2012 (1)：57-61.

由于社会公益文化的作用，一大批企业家积极履行自身社会责任，关注社会公益事业，成为推动社会组织发展的重要力量。方程（5-6）至方程（5-8）回归系数仅为微小的正回归系数也表明，慈善捐赠对中国社会组织发展促进作用有限。这是因为，捐赠在中国社会组织资金来源的比例占比非常低。根据有关 NGO 问卷调查结果，捐赠仅占社会组织资金来源的 2.1%，政府补贴（50%）、服务收费和会员费（27%）是社会组织资金的主要来源。① 长期以来，我国公众对于社会事务形成了依靠政府的思维定式，公众对社会组织的认知是非常有限。这还需要进一步在社会主义核心价值观建设中强化公益文化建设，发挥文化对于促进社会组织的促进和引领作用。

（五）政府管理因素对社会组织具有正相关关系，假设5-7不成立

表5-6中方程（5-7）至方程（5-8）回归系数都显著为正，均为0.2以上。根据方程（5-8）模型的实证分析，政府对社会组织管理经费每增长1个百分点，社会组织数量增长0.29个百分点。社会团体、基金会和民非影响因素回归分析都能印证两者的正相关关系。这一实证结果否定了政府对社会组织管理制约社会组织发展的假设。政府对社会组织的科学管理是促进区域社会组织健康发展的重要因素。一方面，政府对社会组织进行成立登记、年检、评估和执法等活动，为社会组织在社会认知和活动层面提供了制度合法性基础。政府对社会组织的管理活动本质上也是为社会组织注入发展条件。另一方面，政府对社会组织的管理还体现着为社会组织提供服务的因素，政府对社会组织提供服务越多，越能促进社会组织快速发展。

（六）社会自治组织对地区内社会组织的发展具有正相关关系，假设 5-8 不成立

根据表5-6中方程（5-8）模型的实证分析，社会自治组织与社会组织发展呈现一定正相关性，这种正相关关系最强的体现是在基金会与

---

① 邓国胜，王名. 中国 NGO 问卷调查的初步分析 [J]. 中国 NGO 研究，2001：1-10.

社会自治组织方面。这一结果否定了原假设，说明了在当前的发展阶段，中国社会自治组织（村委会和居委会）并未形成对社会组织发展的"挤出效应"，体现更多的是促进效应。这种现象的理论解释是：依据实证分析结果，可以做出判断，从长期来看，社会自治组织与社会组织发展随着时间的逐步推移呈现倒"U"型关系。在社会自治组织与社会组织发展的初期，社会自治组织与社会组织发展呈现正相关关系，我国目前正处在这一阶段；社会自治组织和社会组织发展跨越"拐点"后，社会自治组织与社会组织发展会呈现负相关关系，显现"挤出效应"。此外，这种结果也可能与中国社会组织并未发挥更好的自治能力水平有关系。缺乏自治是中国 NGO 面临的主要问题之一，许多 NGO 是依靠政府资源创办或运行的，尚未成为具有自主性的自治组织。[①]

五、结论与启示：社会组织的规范型发展路径

根据实证研究结果，从经济视角来看，经济发展水平、市场化程度、对外开放水平是促进地区社会组织发展的积极影响因素；从社会文化视角来看，公益文化因素、政府管理因素和社会自治组织也是地区社会组织发展的积极影响因素。但是，我国现阶段的城镇化、教育因素尚未形成促进社会组织发展的积极正相关因素。基于实证分析结论，除了加快地区经济发展、市场化和对外开放等措施外，从政府和社会层面推动地区社会组织发展的对策主要有以下两方面。

1. 加强政府对社会组织的监管和服务，保障社会组织健康发展

中国社会组织管理上存在三种战略思路（发展型战略、控制型战略、规范型战略），当前和今后一段时期，规范发展社会组织是中国社会组织管理体制变迁的新方向。[②] 近年来，地方政府对社会组织管理也呈现出新的变化，正逐步从分类控制转向嵌入型监管。[③] 因此，加强对

---

① 王名，贾西津. 中国 NGO 的发展分析 [J]. 管理世界，2002（8）：30 – 43.

② 王名，孙伟林. 社会组织管理体制：内在逻辑与发展趋势 [J]. 中国行政管理，2011：16 – 19.

③ 刘鹏. 从分类控制走向嵌入型监管：地方政府社会组织管理政策创新 [J]. 中国人民大学学报，2011：91 – 99.

社会组织的事中事后监管是促进社会组织健康发展的基本方向。在简化和降低社会组织注册、登记门槛的同时，要强化对社会组织成立后的事中、事后监管，优化政府服务，实现放、管、服结合。政府对社会组织管理到位，能有效发挥社会组织在社会治理中的作用；反之，如果管理不到位、缺位，社会组织可能在社会治理中起反面作用。加快推进行业协会商会等具有行政色彩的社会组织与行政机关脱钩，强化社会组织的自治能力。加大政府对社会组织管理和服务的经费投入，尤其是通过建立健全政府向社会组织购买公共服务制度，向社会组织科学转移部分政府社会管理服务职能。

2. 优化社会文化软环境，为促进社会组织发展创造良好的社会条件

首先，现阶段城镇化并不是促进社会组织发展的有效社会因素，关键原因是转型期我国城镇化的实现形式主要是居住城镇化。要大力推进以人为中心的城镇化，尤其是加快户籍城镇化，释放出大量城镇人口的公共事务需求，这样才能激发城镇化对社会组织的促进作用。其次，区分社会自治组织（村委会和居委会）、社会组织在社会治理中的独特定位和功能，实现两者的协同发展。社会组织应以专业化服务为重点，为居民实现自治提供差异化、互补性的支持。再次，加速社会组织自身建设，提高社会组织公信力，破解社会组织在社会大众尤其是高学历人群中的信任危机，鼓励高校毕业生到社会组织从事各类社会服务工作。最后，在核心价值观建设中，培育公益文化、志愿服务文化，提升公众的公益意识、志愿服务意识，以文化手段促进公益类、志愿服务类社会组织发展。

本 章 小 结

地区的经济发展水平、市场化程度、对外开放水平与社会组织发展具有显著正相关关系。

各地区社会组织（包括社会团体、基金会和民办非企业）的发展受到多种因素的影响和制约。除社会组织自身因素外，哪些因素对一个地区内的社会组织发展是具有显著相关性的？通过对 2007～2014 年 31

个省级区域（不包括港、澳、台）内社会组织及其三种主要类型面板数据的分析，得出实证研究结论：第一，地区的经济发展水平、市场化程度、对外开放水平与社会组织发展具有显著正相关关系；第二，现阶段的城镇化、教育因素与社会组织发展不具有正相关关系；第三，公益文化因素、政府管理因素和社会自治组织与社会组织发展具有正相关关系。

第六章
事业单位机构数量规模
增长的影响因素与改革
策略

党的十九大报告指出，我国社会主要矛盾已经转化为人民日益增长的美好生活需要和不平衡不充分的发展之间的矛盾。进入新时代，人民群众日益增长的美好生活需要不仅仅体现为对市场上商品生产的需要，而且更加突出地表现为对公共产品和服务的需要。作为我国公共服务和产品生产供给的主体，事业单位在满足人民群众日益增长的美好生活需要上发挥着至关重要的作用。要加快推进事业单位改革与发展，为生产和提供更丰富、更优质的公共产品和服务奠定扎实的组织和机构基础。公共服务是质和量的统一体，优质的公共服务需要结构合理的事业单位结构作为载体予以保障。研究事业单位机构数量增长及其影响因素，有利于从理论上进一步认识和把握事业单位和公共服务发展规律，推动高质量公共服务体系建设，促进事业单位改革与发展。

一、事业单位机构规模的省级差异

近年来，我国事业单位数量呈现稳定发展态势。作为民法通则确定的四类法人之一①、三类非企业法人之一，事业单位法人数量从 2010 年的 72 万多个增长到 2017 年的 81 万多个（见图 6-1）。相比较于机关单位、社会团体，事业单位是我国公共部门机构数量的"大头"。改革开放以来，我国历次公共部门改革均对政府行政机关进行精简。仅仅精

----

① 我国法人机构分为企业法人、机关法人、事业单位法人、社会团体法人四类。

简行政机构和人员并不能彻底解决政府规模问题。[①] 关注事业单位的数量和规模，优化事业单位结构，提高公共服务质量，成为我国公共部门改革与创新的新方向。

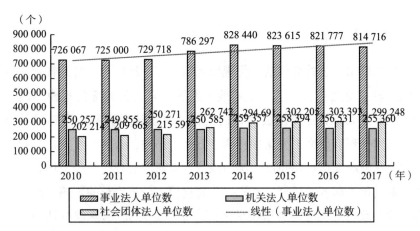

图 6-1　中国事业单位、机关单位、社会团体数量（2010～2017 年）

资料来源：笔者根据中国国家统计局数据整理。

在数量总体呈现增长的同时，事业单位数量在区域间呈现显著差异。一是绝对数量上，不同地区事业单位数量规模呈现出显著差异。2017 年，数量最多的前两位地区——河南省、四川省事业单位法人数分别为 64 467、58 571；数量最少的后两位地区——西藏自治区、宁夏回族自治区事业单位法人数为 2 301 个、3 045 个。二是相对数量看，2017 年事业单位法人数与政府机关法人数比例达到和超过 4 的省份有北京、上海、河南、湖北、广西、重庆，其余省份该比例在 4 以下。三是从动态变化看，各地区事业单位数量变化存在一定的差异。有的省份事业单位数量呈现较快增长态势，例如河南省、山东省、四川省和广东省等；有的省份事业单位数量呈现下降发展态势，例如安徽省、上海市、海南省等；其余省份事业单位数量处于平稳发展态势。哪些宏观因

① 张雅林. 适度政府规模与我国行政机构改革选择 [J]. 经济社会体制比较, 2001 (3): 101-106.

素影响着地区事业单位数量规模的变化，哪些因素对数量规模的影响是显著的？这是本章研究的主要问题。

二、文献综述与理论假设

（一）文献综述

长期以来，公共部门的最优规模问题一直是经济学、公共管理学研究的重要主题之一。对于国家和地区发展而言，公共部门规模不能太大，也不能太小，适度的公共部门规模，是理论研究和实践追寻的目标。国内外现有研究主要集中在两个方面：第一，公共财政支出规模的研究。从财政支出规模角度，国内经济学界对政府规模与经济增长的互动关系进行了深入的研究。首先，政府规模对经济增长的影响。高彦彦等认为，政府规模与经济增长呈现倒"U"型关系。[①] 陈健等认为，地方政府规模与当地人均 GDP 水平呈显著负相关。[②] 其次，经济增长对政府规模的影响。潘卫杰用省级地方的财政支出与国内生产总值的比率来表示政府规模，发现经济发展水平与中国省级政府规模呈负相关。[③] 第二，对公共部门人员规模的研究。近年来，官民比等公共部门人员规模问题受到中国社会和理论界的高度关注。朱光磊等政府官员规模主要问题不是绝对规模过大，而是比例、结构不合理和"运行性过剩"。[④] 孙涛等研究了我国公务员规模省际差异的影响因素。[⑤] 郭艳清实证研究了影响编制规模的五个因素：城镇人口、农村人口、国内生产总值、财政收入和事业费支出比率。[⑥]

---

① 高彦彦，苏炜，郑江淮. 政府规模与经济发展——基于世界面板数据的实证分析 [J]. 经济评论，2011（2）：129–136.

② 陈健，胡家勇. 政府规模与经济发展 [J]. 财经问题研究，2003（8）：3–7.

③ 潘卫杰. 对省级地方政府规模影响因素的定量研究 [J]. 公共管理学报，2007，4（1）：33–41.

④ 朱光磊，张东波. 中国政府官员规模问题研究 [J]. 政治学研究，2003（3）：91–99.

⑤ 孙涛，李瑛. 公务员规模省际差异影响因素研究：基于2001–2008年面板数据 [J]. 中国人民大学学报，2011（1）：133–142.

⑥ 郭艳清. 江西省事业单位人员编制规模研究 [D]. 南昌：南昌大学，2009.

国内外公共部门规模研究为本章提供了充足的研究支撑和基础，但是现有也存在不足之处。首先，衡量公共部门规模有多种指标，如财政支出规模、公共部门工作人员数量规模、公共部门机构数量规模。现有公共部门规模研究主要集中于财政支出规模、人员数量规模，对公共部门机构数量规模研究较少。适度政府规模需要从质和量两方面进行分析。① 目前，对政府机构数量分析和研究较少。其次，现有中国国内相关研究，主要是针对政府机构规模进行实证分析，鲜有对事业单位规模及其影响因素的研究。事业单位是我国公共部门的主体，无论从人员数量（3 000 多万人），还是机构数量（2017 年全国事业法人单位数量为81 万多个）看，都是我国公共部门的主要构成，是我国公共产品和服务的主要提供者、生产者。基于此，本章专门对事业单位数量规模及其影响因素研究，既有利于从理论上丰富和完善中国公共部门规模理论研究；也有利于从实践上促进事业单位改革与发展，进一步优化公共服务水平和质量。

（二）理论假设

假设 6 - 1：经济发展与事业单位数量增长具有正相关性。

早在 19 世纪，著名经济学家瓦格纳在考察工业化国家公共支出后，得出了政府活动扩张法则，即随着经济发展，政府公共支出无论从绝对量，还是从相对量看，都会扩张。后来的学者将该结论称为"瓦格纳定律（Wagner's Law）"。虽然瓦格纳定律是对传统经济发展的总结，但在现代经济条件下依然适用。不少学者认为，瓦格纳定律对于解释中国政府规模依然适用。达米安·托宾（Damian Tobin）经过研究后认为，瓦格纳 19 世纪对欧洲的研究结论适用于改革开放后的中国。②

假设 6 - 2：公共财政支出与事业单位数量增长具有正相关性。

从财政支出与政府规模关系看，两者具有正相关关系。政府总支出

---

① 孙亚忠. 适度政府规模的数量和质量分析 [J]. 南京社会科学, 2005（7）: 58 - 63.

② Tobin D. Economic liberalization, the changing role of the state and "Wagner's Law": China's development experience since 1978 [J]. World Development, 2005, 33（5）: 729 - 743.

越多，政府规模就越大；反之相反。① 作为政府的附属机构，事业单位与财政支出关系同样具有上述特点。此外，公共财政是事业单位赖以生存和发展的经济基础。地区公共财政支出越多，事业单位发展所需的资金支持就越充足，事业单位在数量上也会出现膨胀态势。

假设6-3：人口增长与事业单位数量增长具有正相关性。

事业单位是公共服务和产品的供给方，社会公众是公共服务和产品的需求方。作为供给方，事业单位数量增长受到需求方——社会公众的影响。社会公众对公共产品和服务需求增加，必然导致事业单位数量的增长。孙涛等在研究公务员规模省级差异时认为，人口规模是基本解释变量和影响最大的解释变量之一。②

假设6-4：城镇化与事业单位数量增长具有正相关性。

随着城镇化进程的深入推进，社会公共产品和服务需求、供给将相应增加，事业单位数量也会出现增长态势。徐盈之和赵永平利用中国2000～2012年的省级面板数据，实证研究新型城镇化、地方财政能力对公共服务供给的直接影响效应，认为新型城镇化对公共服务供给具有显著的促进作用。③ 余华义在研究城市化及其不同路径对地方政府规模的影响时认为，城市化率和人口大城市化率的提高对地方政府规模均有正向推动作用。④

假设6-5：政府机构数量增长与事业单位数量增长具有正相关性。

从法律法规的定义上看，事业单位是国家为了社会公益目的，由国家机关举办或者其他组织利用国有资产举办的，从事教育、科技、文化、卫生等活动的社会服务组织（见2004年修订的《事业单位登记管理暂行条例》）。国家机关及其他组织是事业单位的举办主体，这是事业单位与民非的重要区别。从举办主体的角度看，如果政府机构数量增

① 孙亚忠. 适度政府规模的数量和质量分析 [J]. 南京社会科学, 2005 (7): 58-63.

② 孙涛, 李瑛. 公务员规模省际差异影响因素研究：基于2001-2008年面板数据 [J]. 中国人民大学学报, 2011 (1): 133-142.

③ 徐盈之, 赵永平. 新型城镇化、地方财政能力与公共服务供给 [J]. 吉林大学社会科学学报, 2015 (5): 24-35.

④ 余华义. 城市化、大城市化与中国地方政府规模的变动 [J]. 经济研究, 2015 (10): 104-118.

长，政府机构举办的事业单位数量将呈现增长态势，两者具有正相关关系。

假设6-6：社会组织数量增长与事业单位数量增长具有负相关性。

从理论上看，由于社会组织与事业单位在基本功能上具有相似性，即提供社会性公共产品和服务；在公共产品和服务需求既定的情况下，地区社会组织发展与事业单位发展具有替代效应。从实践上看，有学者认为非营利是事业单位改革的目标方向之一。李文钊和董克用认为，以非营利逻辑代替国家逻辑和市场逻辑，事业单位可以按照准政府机构、公办非营利组织、民办非营利组织等类型进行分类改革。[①] 改革开放以来，中国社会组织呈现出蓬勃发展态势，在提供社会性公共服务和产品中发挥着日益重要的作用。

三、数据与计量模型

（一）变量、测量指标及数据来源

本章采用2010~2017年中国国家统计局《中国统计年鉴》（中国统计出版社）的分省面板数据、2012~2017年广东省、广西壮族自治区、湖南省49个地级市面板数据，选取全国31个省、自治区和直辖市（台湾、香港、澳门除外）和49个地级市为研究对象，频率为年度，省级面板数据时间长度为8年，地级市面板数据时间长度为6年。[②]

1. 因变量

近年来，随着我国事业单位登记制度改革的深入推进，绝大部分事业单位已经转变为事业法人。[③] 本章采用事业单位法人数表征事业单位机构数量，见表6-1，在计量模型中用Institutions表示。

[①] 李文钊，董克用. 中国事业单位改革：理念与政策建议 [J]. 中国人民大学学报，2010，24 (5)：134-142.

[②] 2007年，我国开始正式用"社会组织"代替"民间组织"，将社会组织分为三类，即社会团体、基金会和民办非企业单位，因此本章数据的时间跨度为2007~2014年，各项数据变量的时间长度为8年。

[③] 左然. 构建中国特色的现代事业制度——论事业单位改革方向、目标模式及路径选择 [J]. 中国行政管理，2009 (1)：11-21.

表 6 – 1　　事业单位机构数量增长的影响因素变量说明与数据来源

变量性质	变量名称	指标及符号	单位	数据来源
因变量 （被解释变量）	事业单位数量	事业单位法人数	个	省级数据为 2010～2017 年国家统计局分省年度统计，长度 8 年① 地级市数据为 2012～2017 国家统计局与广东省、广西壮族自治区、湖南省统计局数据，长度 6 年②
自变量 （解释变量）	区域经济发展	国内生产总值/增加值（当年价）	亿元	省级数据来源于中国统计年鉴，EPS（Easy Professional Superior）数据平台—中国宏观经济数据库—年度数据（分省市）
自变量 （解释变量）	人口增长	总人口	万人	省级数据来源于中国统计年鉴，EPS（Easy Professional Superior）数据平台—中国宏观经济数据库—年度数据（分省市）
自变量 （解释变量）	公共财政支出	一般预算支出	亿元	省级数据来源于中国统计年鉴，EPS（Easy Professional Superior）数据平台—中国宏观经济数据库—年度数据（分省市）
自变量 （解释变量）	城镇化	城镇化率	%	省级数据来源于中国统计年鉴，EPS（Easy Professional Superior）数据平台—中国宏观经济数据库—年度数据（分省市）
自变量 （解释变量）	政府机构数量	机关法人数	个	省级数据为 2010～2017 年国家统计局分省年度统计，长度 8 年③
自变量 （解释变量）	社会组织数量	社会团体法人数	个	省级数据为 2010～2017 年国家统计局分省年度统计，长度 8 年④

2. 自变量

（1）经济发展。本章采用地区国内生产总值表征经济发展，用 GDP 表示。郭艳清在研究事业单位编制规模影响因素时，也采用地区国

---

① 2010～2017 年事业单位分省法人单位统计数据中，2013 年分省统计数缺失，为更好地保持数据完整性、连续性，2013 年除湖南、广东和广西外，其余省份计算数据为 2014 年和 2012 年数据的平均值。

② 地级市统计数据通过 EPS（Easy Professional Superior）数据平台获取。

③④ 2010～2017 年事业单位分省法人单位统计数据中，2013 年分省统计数缺失，为更好地保持数据完整性、连续性，2013 年省级计算数据为 2014 年和 2012 年数据的平均值。

内生产总值表示经济发展因素。[①]

（2）人口增长。本章也采用年末总人口表征人口增长，在计量模型中用 Population 表示。潘卫杰在研究地方政府规模影响因素时，也用年末总人口表示人口因素。[②]

（3）财政支出。郑小琪通过对两轮专家意见咨询的统计和分析，确定了5个事业单位编制规模评价一级指标，财政因素是其中一个重要指标。[③]　本章采用一般公共预算支出表示地区公共财政支出，在计量模型中用 Fiscal 表示。

（4）城镇化。郑小琪通过对两轮专家意见咨询的统计和分析，确定了5个事业单位编制规模评价一级指标，城镇化是其中一个重要指标。[④]本章采用城镇人口占总人口比例表征城镇化发展，在计量模型中用 Urbanization 表示。

（5）政府机构数量。本章主要采用机关法人数表征政府机构数量，在计量模型中用 Government 表示。

（6）社会组织数量。本章也采用社会团体法人数量表征社会组织数量，在计量模型中用 NGO 表示。

（二）研究模型的建立

为了解决各个因素变量单位不统一和取值大小不一可能带来的模型异方差问题，本章对各个变量进行处理，都采用增长率作为分析指标（变量增长率名称为："变量名＋rate"）。参照地方政府规模的影响因素模型[⑤]、事业单位人员编制规模影响因素模型[⑥]，本章对事业单位机构数量影响研究设定为模型（6-1）：

$$Institutionsrate_i = A + B_1 \cdot GDPrate + B_2 \cdot Populationrate + B_3 \cdot$$
$$Fiscalrate + B_4 \cdot Urbanizationrate + B_5 \cdot$$

---

① 郭艳清．江西省事业单位人员编制规模研究［D］．南昌：南昌大学，2009.

②⑤ 潘卫杰．对省级地方政府规模影响因素的定量研究［J］．公共管理学报，2007（1）：33－41.

③④⑥ 郑小琪．江西省事业单位编制规模调控研究——基于1990—2009年江西省11个地级市面板数据的实证研究［D］．南昌：南昌大学，2011.

$$Governmentrate + B_6 \cdot NGOrate + C_i \quad 模型（6-1）$$

其中，$Institutionsrate_i$ 表示 31 个省份（不包括港澳台）中的 i 省份的事业单位机构数量，$B_1 \sim B_6$ 代表为各个因素变量对事业单位机构数量的弹性系数。以 B_1 为例，当 GDP 增加 1 个百分点时，事业单位数量将增加 B_1 个百分点。A 为常数项；C_i 为随机扰动项。

四、实证结果与分析

本章运用 STATA 软件进行描述性统计分析，分省级面板数据和地级市面板数据两部分进行，统计特征见表 6-2。

表 6-2　　　　　　　　　　省级面板主要变量的统计特征描述

变量	样本数量	平均值	标准差	最小值	最大值
事业单位数量（Institutions）	248	25 201.38	15 018.59	2 163	67 030
地区生产总值（GDP）	248	20 982.69	17 119.98	507.46	89 705.23
总人口（Population）	248	4 386.616	2 763.804	300	11 169
财政支出（Fiscal）	248	4 059.184	2 293.912	551.0362	15 037.48
城镇化率（Urbanization）	248	55.002 87	13.611 65	22.67	89.6
政府机构数量（Government）	248	8 204.996	4 131.171	1 368	20 105
社会组织数量（NGO）	248	8 395.794	5 882.294	562	31 021

（一）省级面板数据计量结果分析

首先，为检验各变量的增长率是否存在多重共线性问题，对各变量增长率进行方差膨胀因子（VIF）检验，得出平均膨胀因子为1.35，小于10，证明各变量增长率不存在多重共线性问题。为了确定哪一种回归结果更合适，研究首先对方程进行了豪斯曼检验。[①] 豪斯

---

① 面板数据中，固定效应模型和随机效应模型的选取根据豪斯曼检验值来确定。固定效应模型是指允许每个个体可以有不同的截距参数；随机效应模型把个体间的异质性作为一个随机成分。

曼检验结果表明，卡方值为 7.80，P 值 = 0.2529，这说明研究采用随机效应模型分析更为准确。为检验回归结果的稳健性，同时探求各解释变量对事业单位数量的解释能力大小，首先用地区生产总值增长率作为初始解释变量，利用模型（6 - 1）进行回归，然后按照先后变量排列顺序逐步加入其他解释变量，最后形成回归结果（见表 6 - 3、表 6 - 4）。

表 6 - 3　　　　　固定效应和随机效应模型的结果

解释变量	固定效应模型	随机效应模型
地区生产总值增长率（GDPrate）	0.0029531 (0.0474504)	- 0.0155996 (0.0461235)
总人口增长率（Populationrate）	0.2423708 (0.4632857)	- 0.1781476 (0.3430938)
财政支出增长率（Fiscalrate）	- 0.0333247 (0.0322938)	- 0.0315443 (0.0318861)
城镇化增长率（Urbanizationrate）	- 0.4258389 * (0.2495262)	- 0.1944362 (0.1702291)
政府机构数量增长率（Governmentrate）	0.6167665 *** (0.0803051)	0.6148125 *** (0.0746091)
社会组织数量增长率（NGOrate）	0.1812746 *** (0.0199251)	0.1761164 *** (0.0190074)
C	0.0156542	0.0150209 (0.0060336)
Obs.	217	217
F	37.23	227.48
豪斯曼检验 chi2 值（P 值）	7.80 (0.2529)	

注：表中回归系数下方小括号内为回归系数的标准误差；*** 、* 表示回归系数在 1%、10% 的显著性水平下统计显著。

表6-4 方程（6-1）至方程（6-6）随机效应模型回归结果

变量	方程（6-1）	方程（6-2）	方程（6-3）	方程（6-4）	方程（6-5）	方程（6-6）
地区生产总值增长率（GDPrate）	-0.0335374 （0.0480182）	-0.0351863 （0.048585）	0.0335796 （0.0634073）	0.0354319 （0.0657188）	0.0319474 （0.0546642）	-0.0155996 （0.0461235）
总人口增长率（Populationrate）		0.1140529 （0.4375497）	0.1646471 （0.4385401）	0.1614499 （0.4386908）	-0.3839251 （0.380206）	-0.1781476 （0.3430938）
财政支出增长率（Fiscalrate）			-0.0767369* （0.0457667）	-0.0769179* （0.0459819）	-0.0574356 （0.0381896）	-0.0315443 （0.0318861）
城镇化增长率（Urbanizationrate）				-0.0264039 （0.2137975）	-0.2748568 （0.1853046）	-0.1944362 （0.1702291）
政府机构数量增长率（Governmentrate）					0.8128708*** （0.0839479）	0.6148125*** （0.0746091）
社会组织数量增长率（NGOrate）						0.1761164*** （0.0190074）
C	0.0188475 （0.0058705）	0.0182186 （0.0063689）	0.0209676 （0.0457667）	0.0214544 （0.0076332）	0.0248996 （0.0065362）	0.0150209 （0.0060336）
Obs.	217	217	217	217	217	217
F	0.49	0.55	3.37	3.35	98.83	227.48

注：表中回归系数下方小括号内为回归系数的标准误差；***、*表示回归系数在1%、10%的显著性水平下统计显著。

1. 政府机构数量与事业单位数量具有显著的线性正相关关系，原假设在省级层面成立

政府机构数量增长与事业单位数量增长具有紧密的正相关关系。根据省级面板数据方程（6-5）至方程（6-6）回归，回归系数都为正，并且在1%的显著性水平下统计显著。根据方程（6-6）的实证分析，政府机构每增长1个百分点，事业单位数量增长0.61个百分点。从散点图来看，省级地区政府机构数量与事业单位数量具有很好的线性拟合关系（见图6-2）。

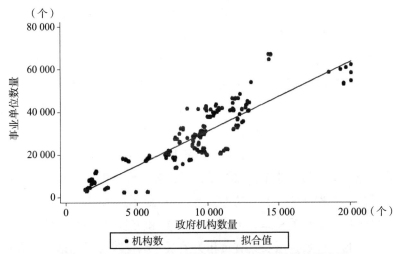

图6-2　省级地区政府机构数量与事业单位数量的拟合图

2. 社会组织发展与事业单位数量增长具有显著正相关关系，原假设在省级层面不成立

根据省级面板数据方程（6-6）模型的实证分析，社会组织数量增长与事业单位数量增长具有显著的正相关关系。社会组织数量每增长1个百分点，事业单位数量增长0.17个百分点。该结果从宏观上也印证了梁玉柱研究政府能力、社会组织与地方养老服务差异得出的结论：

地方养老服务水平与社会组织发展水平呈正相关关系[1]。

3. 城镇化与事业单位数量增长具有负相关关系，原假设在省级层面不成立

根据省级面板数据方程（6-4）至方程（6-6）回归，城镇化增长率与事业单位数量增长回归系数都为负，这表明城镇化与事业单位数量增长具有负相关关系，并且负相关关系是稳健的。这说明随着城镇化的深入发展，人口向城镇进一步集中，公共服务和产品的供给也实现了集中。地区城镇化进程的加速发展，有利于提高公共服务和产品供给的集中度，减少非城镇化条件下的分散化公共服务供给趋势，从而降低事业单位机构数量。该结论印证了豆建民和刘欣提出的促进人口向城市集聚可以显著降低人均基本公共服务供给成本的观点。[2]

此外，在省级面板数据分析中，经济发展、人口增长、财政支出与事业单位数量增长相关性有待进一步确定。首先，对于经济发展指标，在省级面板层面，方程（6-1）、方程（6-2）、方程（6-6）显示，经济增长与事业单位数量增长具有负相关关系；但是方程（6-3）、方程（6-4）、方程（6-5）显示，两者具有正相关关系。综合两个研究结果，经济增长与事业单位数量增长相关关系尚不稳健，有待进一步确定。其次，方程（6-1）至方程（6-4）显示，人口增长与事业单位数量增长具有正相关关系，但是（6-5）和方程（6-6）显示，人口增长与事业单位数量增长具有负相关关系。综合两个研究结果，人口增长与事业单位数量增长的相关关系尚不稳健，有待进一步确定。

（二）地级市面板数据计量结果分析

各变量统计特征见表6-5。

---

[1] 梁玉柱. 政府能力、社会组织与地方养老服务差异——基于2004—2013年省级面板数据的实证分析 [J]. 广东行政学院学报，2017（3）：18-24.

[2] 豆建民，刘欣. 中国区域基本公共服务水平的收敛性及其影响因素分析 [J]. 财经研究，2011（10）：37-47.

表6-5　　　　　　　　地级市面板主要变量的统计特征描述

变量名	观测值	平均数	标准差	最小值	最大值
事业单位数量（Institutions）	294	2 657.136	1 226.229	812	5 993
地区生产总值（GDP）	294	2 495.468	3 531.61	338.99	22 490.06
总人口（Population）	294	456.3612	243.4219	88.69	1 449.84
财政支出（Fiscal）	294	366.7564	484.6947	74.7312	4 593.8
城镇化率（Urbanization）	294	54.18698	16.68574	29.81439	100
政府机构数量（Government）	294	707.1599	302.9098	146	1 454
社会组织数量（NGO）	294	872.9796	632.6732	143	3 805

首先，为检验各变量的增长率是否存在多重共线性问题，对各变量增长率进行方差膨胀因子（VIF）检验，得出平均膨胀因子为1.08，小于10，表明各变量增长率不存在多重共线性问题。其次，在地级市面板数据分析中，为了确定哪一种回归结果更合适，对方程进行了豪斯曼检验。[①]豪斯曼检验结果表明，卡方值为4.21，P值=0.6489，这说明研究采用随机效应模型分析更为准确。为检验回归结果的稳健性，同时探求各解释变量对事业单位数量的解释能力大小，研究首先用经济增长率作为初始解释变量，利用方程（6-1）进行回归，然后按照先后变量排列顺序逐步加入其他解释变量，最后形成回归结果（见表6-6和表6-7）。

表6-6　　　　　　　固定效应和随机效应模型回归结果

解释变量	固定效应模型	随机效应模型
地区生产总值增长率（GDPrate）	0.2839209 * （0.1454079）	0.3121029 *** （0.121862）

---

① 面板数据中，固定效应模型和随机效应模型的选取根据豪斯曼检验值来确定。固定效应模型是指允许每个个体可以有不同的截距参数，随机效应模型把个体间的异质性作为一个随机成分。

续表

解释变量	固定效应模型	随机效应模型
总人口增长率（Populationrate）	0.2399978 （0.8282696）	-0.4808376 （0.5498122）
财政支出增长率（Fiscalrate）	0.0024053 （0.0443393）	0.0186039 （0.041052）
城镇化增长率（Urbanizationrate）	-0.9242357 （0.8056053）	-0.108986 （0.3252274）
政府机构数量增长率（Governmentrate）	0.2881971 *** （0.0596652）	0.2934717 *** （0.0532135）
社会组织数量增长率（NGOrate）	0.0923767 *** （0.0150728）	0.0888687 *** （0.013271）
C	-0.0023188 （0.0229519）	-0.0182398 （0.0147377）
Obs.	245	245
F	12.70	89.96
豪斯曼检验 chi2 值（P 值）	4.21 （0.6489）	

注：表中回归系数下方小括号内为回归系数的标准误差，***、* 表示回归系数在1%、10%的显著性水平下统计显著。

1. 政府机构数量与事业单位数量增长具有显著的正相关关系，原假设在地级市层面同样成立

对于地级市，政府机构数量增长与事业单位数量增长也有紧密的正相关关系。根据省级面板数据，方程（6-5）和方程（6-6）回归系数都为正，并且在1%的显著性水平下统计显著。根据方程（6-6）模型的实证分析，政府机构每增长1个百分点，事业单位数量增长0.29个百分点。从散点图来看，地级市政府机构数量与事业单位数量具有很好的线性拟合关系（见图6-3）。

表6-7　　方程（6-1）至方程（6-6）随机效应模型回归结果

变量	方程（6-1）	方程（6-2）	方程（6-3）	方程（6-4）	方程（6-5）	方程（6-6）
地区生产总值增长率（GDPrate）	0.3580472 *** (0.1323165)	0.3851991 *** (0.1364741)	0.3992885 *** (0.1365123)	0.413212 *** (0.1360633)	0.4568552 *** (0.1304665)	0.3121029 *** (0.121862)
总人口增长率（Populationrate）		-0.5016617 (0.6111131)	-0.6071713 (0.6140655)	-0.8305113 (0.6231413)	-0.7775852 (0.5961731)	-0.4808376 (0.5498122)
财政支出增长率（Fiscalrate）			0.0671789 (0.0463743)	0.0602738 (0.0463033)	0.0365655 (0.0445635)	0.0186039 (0.041052)
城镇化增长率（Urbanizationrate）				-0.6633805 (0.3622645)	-0.4203271 (0.3501681)	-0.108986 (0.3252274)
政府机构数量增长率（Governmentrate）					0.2791623 *** (0.0578422)	0.2934717 *** (0.0532135)
社会组织数量增长率（NGOrate）						0.0888687 *** (0.013271)
C	-0.0169924 (0.0128019)	-0.0155811 (0.0129253)	-0.025272 (0.0145279)	-0.0098829 (0.0167226)	-0.0136441 (0.0160151)	-0.0182398 (0.0147377)
Obs.	245	245	245	245	245	245
F	7.32	7.99	10.12	13.57	38.13	89.96

注：表中回归系数下方小括号内为回归系数的标准误差，*** 表示回归系数在1%的显著性水平下统计显著。

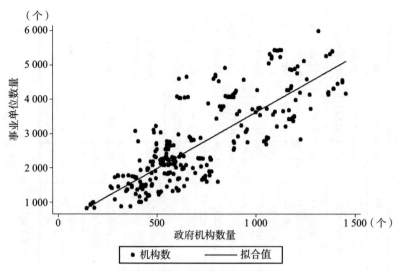

图 6 - 3　地级市地区政府机构数量与事业单位数量的拟合图

2. 社会组织与事业单位数量增长有显著正相关关系，原假设在地级市层面同样不成立

根据地级市面板数据方程（6 - 6）的实证分析，社会组织数量增长与事业单位数量增长具有显著的正相关关系。社会组织数量每增长 1 个百分点，事业单位数量增长 0.08 个百分点。对于地级市而言，社会组织发展与事业单位数量增长同样具有显著相关性。

3. 地区经济增长与事业单位数量增长具有显著的正相关关系，原假设在地级市层面成立

对于地级市而言，经济增长与事业单位数量增长具有显著的正相关关系。方程（6 - 1）至方程（6 - 6）的逐项回归结果表明，经济增长与事业单位数量增长正相关关系是稳健的、显著的。根据方程（6 - 6）的实证分析，经济每增长 1 个百分点，事业单位数量增长 0.31 个百分点。在事业单位层面，公共部门规模与经济增长具有正相关关系，适用瓦格纳法则的分析。该结论与潘卫杰等许多学者在实证研究后得出的政府规模与经济增长负相关关系正好相反。^① 这表明，瓦格纳法则在解释事业单位规模与经济增长关系方面具有一定的适用性。

4. 城镇化与事业单位数量增长具有负相关关系，原假设不成立，并且在地级市层面同样不成立

根据地级市面板数据方程（6 - 4）至方程（6 - 6）回归，城镇化增长率与事业单位数量增长回归系数都为负，这表明城镇化与事业单位数量增长同样具有负相关关系，并且负相关关系同样是稳健的。在地级市层面，城镇化发展体现出的公共服务集中效应、规模效应也是存在的。这也符合新经济地理学的基本判断，即在提供同样质量的基本公共服务前提下，人口密集区将比稀疏地区具有更低的分摊成本和更强的规模效应。^②

5. 人口增长与事业单位数量增长具有负相关关系，原假设在地级市层面不成立

根据地级市面板数据方程（6 - 2）至方程（6 - 6）回归，人口增长与事业单位数量增长回归系数都为负，表明两者具有稳健的负相关关系。该结论印证了潘卫杰对人口因素与政府规模高度负相关的研究结论。^③该结论与许多学者在研究政府规模方面的经验感知和定性分析是相反的。

五、主要结论与政策启示

作为事业单位规模的重要体现之一，事业单位数量规模的影响因素是多方面的。在影响因素的具体相关性方面，事业单位数量规模影响因素不同于政府规模、公务员规模、政府财政支出规模的影响因素，具有自身的特点和规模。通过对省级和地级市面板数据的实证分析，可以得出的结论有：政府机构数量增长与事业单位数量增长具有显著的正相关关系；社会组织与事业单位并非替代发展关系，两者在数量规模变化上

---

①③ 潘卫杰. 对省级地方政府规模影响因素的定量研究 [J]. 公共管理学报，2007，4（1）：33 - 41.

② 豆建民，刘欣. 中国区域基本公共服务水平的收敛性及其影响因素分析 [J]. 财经研究，2011（10）：37 - 47.

具有显著正相关关系；城镇化与事业单位数量增长具有负相关关系。结合实证研究结论，对推进事业单位改革主要有三点启示。

（一）深化事业单位改革，突出事业单位的公益性和服务性

省级面板和地级市面板实证分析都证明，我国政府机构数量增长与事业单位数量增长具有稳健的显著正相关关系。这表明，深化事业单位改革，优化事业单位的结构与规模，关键是要处理政府的关系。

首先，要坚持优化政府机构数量和规模，要严控政府机构数量，防止行政机构数量增长而导致的事业单位数量增长。2018 年，深化党和国家机构改革，对党政群等各类机构规模进行了深度优化。2019 年，党的十九届四中全会通过的《关于坚持和完善中国特色社会主义制度推进国家治理体系和治理能力现代化若干重大问题的决定》对国家治理体系和治理能力进行了战略部署，提出优化政府组织结构，推进机构、职能、权限、程序、责任法定化，使政府机构设置更加科学、职能更加优化、权责更加协同。要严格落实法定化要求，用法治化机制限制机构数量增长。其次，在优化政府机构数量基础上，要优化政府机构与事业单位的关系。如果从根本上没有实现政府与事业单位关系的转变，事业单位依然承担大量政府的行政职能和附属职能，事业单位改革的目标就难以彻底实现。党的十九大报告指出，深化事业单位改革，强化公益属性，推进政事分开、事企分开、管办分离。要按照中央加快推进事业单位改革的精神，全面推进承担行政职能的事业单位改革，理顺政事关系、机关与事业单位关系。要把事业单位承担的行政职能回归到行政机关。事业单位承担行政职能容易让事业单位成为"二政府"，模糊了事业单位公益性和行政性的边界。对于公益类事业单位，要推进事业单位与行政机关的脱钩，强化事业单位公益性和服务性，逐步实现管办分离。在事业单位名称上，不用"委、办、局"等具有行政色彩的名称，突出事业单位的服务职能。再次，在地方事业单位改革中，要加大"小、散、弱"事业单位整合和归并力度，优化事业单位数量结构，为提供优质高效公共服务的事业单位提供发展空间。

（二）推进社会组织改革，克服行政化倾向和趋势

省级面板和地级市面板实证分析都证明，我国社会组织数量增长与事业单位数量增长具有显著正相关关系。这表明，我国社会组织发展状态尚未体现社会组织的独特性，社会组织与事业单位的区别不太明确，具有一定的事业单位化、行政化特征，推进社会组织改革是必要的。社会组织与机关、事业单位关联性较强。比如，有学者指出，非事业单位的社会组织有相当比例是由政府和事业单位成立的。[①] 从公共服务供给方式角度看，既有政府办事业单位，也有政府向社会组织购买公共服务，总体上，公共服务供给模式处于过渡阶段。首先，要改变社会组织行政化倾向。政社不分是我国社会组织发展面临的主要问题，政事不分是事业单位发展面临的主要问题。从管理体制上看，政社不分、政事不分，导致社会组织与事业单位发展存在某种相关关系。在解决政事不分的同时，要实现政社分开，激发社会组织活力。其次，推进事业单位改制为社会组织试点，探索有条件事业单位转为社会组织，实现事业单位与社会组织的差异化发展。2013 年，党的十八届三中全会《决定》提出，推进有条件的事业单位转为企业或社会组织。根据包雅钧等人研究，公益三类事业单位转化为社会组织的条件有：公益性色彩强、业务信息社会知晓度高、公开性好、服务对象对服务有较多体验机会、具备可量化条件、治理体系基础较好等。[②]

（三）依托城镇化提高公共服务供给集中度，降低供给成本和风险

经过改革开放以来 40 多年的发展，中国城镇化建设取得举世瞩目的成就，城镇化率从 1978 年的 17.9% 增长到 2018 年的 59.6%，实现了 2.6 亿人由农村向城市集中。与世界主要发达国家城市化率相比，我国城镇化率仍然有 10% 以上的发展空间。要大力推进城镇化建设，提

---

① 管兵. 政府向谁购买服务：一个国家与社会关系的视角 [J]. 公共行政评论, 2016 (1)：131 – 150.

② 包雅钧，王伟进. 推进有条件事业单位转为社会组织的思考 [J]. 治理现代化研究, 2018 (4)：42 – 48.

高人口的集中度、聚集度，通过聚集效应、规模效应，优化公共服务和产品供给成本。随着城镇化水平的提升和城市的发展，要加快推进城市事业单位改革与发展，进一步放大城市公共服务供给的集聚效应和规模效应，推动城市公共服务提质增效。比如，要进一步提高城市事业单位的整合程度。2018 年，沈阳对改革前的 629 家市直事业单位（不含医院、学校等）进行精简；改革后，公益性事业单位优化整合为 48 个，81 个经营性事业单位转企改制，精简比例达 92.37%。在改革过程中，也要注意可能的社会风险。风险是危险或灾害发生的一种可能性而非必然性，① 通过强化改革风险评估和风险研判，分阶段稳步推进，能有效降低甚至避免出现改革风险。此外，新时代，美好生活需要具有个体差异性、发展阶段性、供给约束性和收入约束性等特征。② 在优化总体机构数量基础上，注重优化公共服务产出结构，满足居民日益增长的美好生活需要。

本 章 小 结

政府机构增长与事业单位数量增长具有显著的正相关关系；社会组织与事业单位并非替代发展关系。

地区内事业单位机构数量规模受到多种宏观因素的影响和制约。哪些宏观因素对一个地区事业单位机构规模的影响是具有显著相关性的？通过对 2010～2017 年 31 个省级区域（不包括港、澳、台）内动态面板数据、2012～2017 年 3 省份 49 个地级市区域动态面板数据的分析，得出实证研究结论：政府机构增长与事业单位数量增长具有显著的正相关关系；社会组织与事业单位并非替代发展关系，两者在数量规模变化上具有显著正相关关系；城镇化与事业单位数量增长具有负相关关系；对于地级市而言，经济增长与事业单位数量增长具有显著的正相关关系。

---

① 吴增礼，巩红新. 习近平新时代风险治理思想初探 [J]. 湖南大学学报（社会科学版），2018 (4)：7 - 11.

② 李松龄. 新时代社会主要矛盾的理论认识与制度安排 [J]. 湖南大学学报（社会科学版），2019 (1)：1 - 9.

第七章
经济增长、财政收支
与政府机构规模增长

政府机构的数量是政府总体规模的重要表征，机构数量规模变化一定程度上直接反映着政府规模的总体变化。目前，衡量国家或地区政府规模有四个方面的理论维度、评价标准，即政府机构数量规模、政府工作人员数量规模、政府财政收入和支出数量规模、政府职能范围和规模。在这四个衡量指标中，政府职能范围是政府总体规模的核心要素，决定着其他规模要素；财政收支规模、人员数量规模和机构数量规模是政府总体规模的外在表现。目前，理论界现有主要从财政收支规模、人员规模两个标准对政府规模进行定量研究，或者从政府职能和范围进行政府总体规模的定性分析，忽视了对政府机构数量规模的实证研究。实际上，政府机构数量规模是政府规模的最直接体现，也是中国政府行政改革实践长期关注的政府规模指标，应该成为理论研究的一个新视角。

一、瓦格纳法则应用到机构层面成立吗

从实践来看，改革开放 40 多年来，如何降低和控制政府规模始终是中国行政改革关注的长期主题。从国务院所属机构数量来看，国务院各部委、直属机构、办事机构从 1982 年的 100 个，减少到 2013 年的 25 个（国务院组成部门，除国务院办公厅外），国务院所属机构数量得到大幅减少。党的十八大以来，政府继续高度重视控制政府规模，主要做法是严控机构编制和人员编制，即在"财政供养人员只减不增"的改革目标指引下，各地区除严控人员编制外，还严格控制机构编制。

近年来，我国各地区政府机关法人机构的绝对数量和相对变化呈现

显著的差异性，为开展各地区政府机构数量变化影响因素研究提供了现实基础。这种差异性表现为两个方面。一是我国各地区政府机构数量绝对量差异较大，二是各地区政府机构数量变动不一致，体现出差异性。相比较于2014年，2015年机关法人单位数出现增长的省份有：北京、上海、江西、河南、广东、广西、海南、贵州和新疆等。正是由于各地区政府机构数量及其变化存在这样的异质性，才构成了分析其影响因素的必要性。

伴随着我国政府机构改革实践的深入推进，政府规模理论研究自20世纪80年代起也成为经济学、政治学和公共管理学理论研究经常关注的热点主题。理论界关注政府规模研究主要分为三种。一是政府最优规模研究。即回答是否存在最优的或者适度的政府规模？最优的或者适度的政府规模是怎样的？二是政府规模对经济社会的影响研究，比如地方债务问题等。三是政府规模的影响因素研究。后者是主要的研究类型。基于中国知网数据库中政府规模理论文献，对中国政府规模理论研究关键词做分布分析，可以看出，经济增长、财政收支（含财政分权）是政府规模理论研究的两个重要理论研究路径，也是分析政府规模变化的两个重要影响因素（见图7-1）。

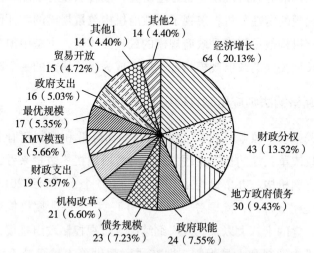

图7-1 中国政府规模理论研究关键词分布

资料来源：中国知网数据库数据。采用检索条件：题名=政府规模，或题名=政府机构规模（模糊匹配），专辑导航：全部；数据库：文献 跨库检索。文献总数：1 644篇。

(一) 经济增长与政府规模变化

经济基础决定上层建筑，经济是政府机构数量增长的物质基础。经济增长越快，就能更好地为政府机构规模扩张提供经济条件。从经济增长的角度研究政府规模变化是西方同类理论研究的特点。经济学、财政学和公共经济学最早从经济增长的视角解释和分析政府规模变化。最为早期和著名的研究是19世纪的著名德国经济学学者阿道夫·瓦格纳。他提出的瓦格纳法则认为，人均GNP与政府公共支出规模正相关，经济因此成为理论上影响和解释政府规模的重要因素。自瓦格纳法则提出以来，国内外许多学者都通过实证研究，检验瓦格纳法则的适用性。理查德·瓦格纳 (RICHARD E. WAGNER) 等通过对二战后34个国家的研究认为，把瓦格纳法则解释为政府活动扩张现象更为合适，仅表示政府支出扩张的瓦格纳法则并不能称为法则。[1] 拉蒂·拉姆 (Rati Ram) 通过对115个国家的跨国实证研究得出结论，政府规模与经济增长具有正相关关系，尤其是对于低收入国家，这种相关关系更为强烈。[2] 孙群力验证了瓦格纳法则在中国的适用性，认为经济增长都导致了地方政府规模的扩大。[3] 朱光磊等从官员规模角度研究了政府规模问题，认为官民比、经济发展水平、政府财力、农业人口和政府职能，是制约政府规模的五个基本因素。[4] 程文浩等认为，财政供养人员规模影响因素主要有三个方面：经济社会发展、经济体制转型与政府职能转变因素、政府控制和优化手段等。[5] 在瓦格纳法则及其同类研究外，也有学者提出了正相关以外的解释。20世纪90年代，巴罗 (Barro)、阿米 (Armey) 等学者相继提出政府规模与经济增长之间存在着倒"U"型关系，存在

① Wagner R E, Weber W E. Wagner's law, fiscal institutions, and the growth of government [J]. National Tax Journal, 1977, 30 (1): 59–68.

② Ram R. Government size and economic growth—a new framework and some evidence from cross section and time series data [J]. Am Econ Rev, 1986, 76 (1): 191–203.

③ 孙群力. 中国地方政府规模影响因素的实证研究 [J]. 财政研究, 2010 (1): 38–41.

④ 朱光磊, 张东波. 中国政府官员规模问题研究 [J]. 政治学研究, 2003 (3): 91–99.

⑤ 程文浩, 卢大鹏. 中国财政供养的规模及影响变量——基于十年机构改革的经验 [J]. 中国社会科学, 2010 (2): 84–102.

政府最优规模。潘卫杰以财政支出与地方政府当年 GDP 比率测度政府规模，认为经济发展水平与中国省级政府规模负相关。[①] 鉴于国内外前期理论研究，为进一步验证上述因素是否能够解释政府机构数量的增长，本章提出如下理论假设：

假设 7 - 1：地区经济增长越快，区域内政府机构数量增加越多，经济发展水平与政府机构数量规模呈正相关关系。

（二）财政收支与政府规模变化

从财政角度分析和解释政府规模的增长是国内外理论界政府规模研究的前沿领域和创新方向，也是当前政府规模研究的重点内容。马克思曾指出：赋税是喂养政府的奶娘。财政税收是政府机构运行的财力来源，影响着政府规模的变化和发展。财政收支对政府规模增长因素研究主要有三种路径。

（1）财政支出总体规模变化对政府规模的影响。作为政府规模的衡量两个尺度，政府支出规模与机构数量规模必然存在内在的相关关系，政府支出规模的扩张，必然会导致政府机构数量的增加。20 世纪 70 年代，尼斯坎南等国外公共选择理论学者从个体主义方法论出发，认为官僚追求预算最大化，导致政府支出规模的扩大。李丙红和李和中以 2006 年全国 30 个省级行政单位为样本研究后，认为政府财力与我国省级政府人力规模高度正相关。[②] 鉴于国内外前期理论研究，为进一步验证上述因素是否能够解释政府机构数量的增长，本章提出如下理论假设：

假设 7 - 2：随着政府财政支出规模的增长，政府机构数量会增多，财政支出与政府机构数量具有正相关关系。

（2）财政分权的程度对政府规模的影响。"利维坦假说"理论，认为进行财政分权能够限制政府"利维坦"的扩张。马洛（Marlow M L）

---

① 潘卫杰. 对省级地方政府规模影响因素的定量研究 [J]. 公共管理学报, 2007 (1)：33 -41.

② 李丙红, 李和中. 我国省级政府人力规模影响因素定量分析 [J]. 北京行政学院学报, 2008 (5)：53 -57.

验证了财政分权能够有效控制政府规模的增长。① 庄玉乙等通过实证研究发现，财政分权有助于缩减政府财政规模，利维坦假说在中国也适用。鉴于国内外前期理论研究，为进一步验证上述因素是否能够解释政府机构数量的增长，本章提出如下理论假设：

假设 7 - 3：财政分权理论同样适用于政府机构数量规模的变化，即随着财政分权程度提高，政府机构数量会越少，财政分权与政府机构数量具有负相关关系。

（3）财政转移支付的规模变化对政府规模的影响。国内外理论界在分析转移支付对政府规模影响时提出了著名的粘蝇纸效应（Flypaper Effect），即随着中央对地方转移支付的增加，地方政府规模会出现扩张和膨胀。范子英等通过研究后发现，人均财政转移支付每增加 1 万元，会使得每万人的机关人数增加 62 人。② 袁飞等利用中国 1994 ~ 2003 年县级面板数据进行研究后，认为转移支付增加与财政供养人口规模膨胀存在因果关系。③ 鉴于国内外前期理论研究，为进一步验证上述因素是否能够解释政府机构数量的增长，本章提出如下理论假设：

假设 7 - 4：粘蝇纸效应同样适用于政府机构数量变化，地区转移支付增多，区域内政府机构数量就会增多，转移支付与政府机构数量具有正相关关系。

综合国内外同类研究，从经济增长和财政收支视角研究政府规模已取得许多丰富的研究成果，现有研究尚存在的不足之处是：第一，经济增长与财政收支视角的政府规模研究缺乏关注政府机构数量规模研究，几乎都是关注财政收支规模与人员规模。从经济增长、财政收支视角对政府机构数量规模进行实证研究可以说是政府规模研究的一个空白点、创新点。第二，经济增长对中国政府规模变化的影响研究尚未达成共

① Marlow M L. Fiscal decentralization and government size [J]. Public Choice, 1988, 56 (3): 259 - 269.

② 范子英，张军. 粘纸效应：对地方政府规模膨胀的一种解释 [J]. 中国工业经济，2010 (12)：5 - 15.

③ 袁飞，陶然，徐志刚. 财政集权过程中的转移支付和财政供养人口规模膨胀 [J]. 经济研究，2008 (5)：70 - 80.

识。一个较大的争议是：瓦格纳法则是否适用于中国政府规模的变化。多数学者认为瓦格纳法则在解释中国政府规模时依然有效；但也有学者认为瓦格纳法则并不适用于现阶段的中国。[①] 第三，财政分权理论是否解释中国政府规模变化，理论界仍然存在争议。多数学者认为财政分权限制政府规模增长；但也有学者否定这一观点。现存的理论空白和分歧，为开展本研究提供了理论基础和出发点。

二、数据与模型

本章采用 1998～2015 年中国国家统计局《中国统计年鉴》（中国统计出版社）的数据，基于国家统计局分省年度数据库，选取 31 个省、自治区和直辖市（台湾、香港、澳门除外）为研究对象。频率为年度。为了解决各个影响因素变量单位不统一取值大小不一可能带来的模型异方差问题，本章对各个变量取对数、做对数化处理（见表 7 - 1）。

表 7 - 1　　从经济和财政视角看政府机构数量变化的影响变量

变量性质	变量名称	指标及符号
因变量（被解释变量）	政府机构增长	机关法人单位数（Governmentagency）
自变量（解释变量）	经济增长因素	地区生产总值（GDP）
自变量（解释变量）	财政支出因素	地区财政支出（Fiscalexpenditure）
自变量（解释变量）	转移支付因素	地区预算内支出—预算内收入（Transfer）
自变量（解释变量）	财政分权因素	地区预算收入/预算支出（Decentralization）

建立计量模型如下：

$$\ln Governmentagency_i = A + B_1 \cdot \ln GDP + B_2 \cdot \ln Fiscalexpenditure + B_3 \cdot \ln transfer + B_4 \cdot \ln Decentralization + C_i$$

模型（7 - 1）

[①] 潘卫杰. 对省级地方政府规模影响因素的定量研究 [J]. 公共管理学报，2007（1）：33 - 41；吴木銮，林谧. 政府规模扩张：成因及启示 [J]. 公共管理学报，2010（4）：1 - 11.

其中，y_i 表示 31 个省份（不包括港澳台）中的 i 省份的机关法人单位数量；$B_1 \sim B_4$ 代表各个因素变量对政府机构数量的弹性系数。以 B_1 为例，当人均地区生产总值增加 1 个百分点时，政府机关法人单位数量将增加 B_1 个百分点。A 为常数项；C_i 为随机扰动项。

三、实证结果与分析

运用数据分析软件工具 Stata 对数据进行实证分析后，主要变量的统计特征描述见表 7 – 2。

表 7 – 2　　　　　　　　　主要变量的统计特征描述

变量名	观察值	平均值	标准差	最小值	最大值
Governmentagency	529	255. 0454	146. 802	1	510
GDP	558	10 383. 11	11 951. 35	91. 5	72 812. 55
Fiscalexpenditure	558	1 739. 556	1 839. 213	44. 09	12 827. 8
transfer	558	744. 793	788. 719	20. 64	4 142. 07
Decentralization	558	0. 5133642	0. 1990667	0. 0530325	0. 9508635
LnGovernmentagency	529	5. 244718	0. 9665664	0	6. 234411
LnGDP	558	8. 619809	1. 247489	4. 516339	11. 19564
LnFiscalexpenditure	558	6. 871678	1. 175829	3. 786233	9. 45937
Lntransfer	558	6. 034149	1. 138344	3. 027231	8. 328951
LnDecentralization	558	− 0. 7638925	0. 4930668	− 2. 93685	− 0. 0503847

为了确定哪一种回归结果更合适，研究进行了豪斯曼检验①。豪斯曼检验结果表明，卡方值为 3. 34，P 值 = 0. 5028，这说明研究采用随机效应模型分析更为准确（见表 7 – 3 和表 7 – 4）。

———————

① 面板数据中，固定效应模型和随机效应模型的选取根据豪斯曼检验值来确定。固定效应模型是指允许每个个体可以有不同的截距参数；随机效应模型把个体间的异质性作为一个随机成分。

表 7 - 3　　　　固定和随机效应模型选择的豪斯曼检验结果

| | ——Coefficients—— | | | |
	(b) fe	(B) re	(b - B) Difference	sqrt(diag(V_b - V_B)) S. E.
LnGDP	- 0. 5909375	- 0. 7297947	0. 1388571	0. 4150895
LnFiscalex ~ e	- 0. 0380722	0. 3363537	- 0. 3744259	0. 3888515
LnTransfer	0. 5386097	0. 2547518	0. 2838579	0. 1993529
LnDecentra ~ n	1. 124646	0. 735476	0. 3891703	0. 3085327

b = consistent under Ho and Ha; obtained from xtreg

B = inconsistent under Ha, efficient under Ho; obtained from xtreg

Test：Ho：difference in coefficients not systematic

chi2 (4) = (b - B)′ [(V_b - V_B) ^ (- 1)] (b - B)
　　　 = 3. 34
Prob > chi2 = 0. 5028

表 7 - 4　　　　　　　随机效应模型回归结果

Random - effects GLS regression				Number of obs = 529	
Group variable：地区 2				Number of groups = 31	

R-sq:
within = 0. 0098
between = 0. 0914
overall = 0. 0343

Obs per group：
min = 14
avg = 17. 1
max = 18
Wald chi2 (4) = 7. 48

corr (u_i, X) = 0 (assumed)　　Prob > chi2 = 0. 1126

LnGovernmentagency	Coef.	Std. Err.	z	P > |z|	[95% Conf. Interval]	
LnGDP	- 0. 7297947	0. 2823432	- 2. 58	0. 010	- 1. 283177	- 0. 1764122
LnFiscalexpenditure	0. 3363537	0. 2836083	1. 19	0. 236	- 0. 2195085	0. 8922158
LnTransfer	0. 2547518	0. 2292282	1. 11	0. 266	- 0. 1945272	0. 7040307
LnDecentralization	0. 735476	0. 3865295	1. 90	0. 057	- 0. 022108	1. 49306
_cons	8. 253626	1. 220545	6. 76	0. 000	5. 861402	10. 64585
sigma_u	0. 5143778					
sigma_e	0. 81613478					
rho	0. 28429758	(fraction of variance due to u_i)				

（一）经济增长与机构数量增长正相关关系不成立

经济增长与政府机构数量规模在 10% 的显著性水平以内存在负相关关系，假设 7 - 1 不成立。这说明解释政府支出扩张的瓦格纳法则用来解释中国政府机构数量增长，是不成立的，这也可能与瓦格纳法则不能适用于中国政府规模变动的结论有关。这在一定程度上印证了有关学者认为瓦格拉法则在中国是不成立的结论。① 地区经济增长与政府机构数量增长之间不存在正相关关系可能的原因有：第一，中国经过改革开放 40 多年的发展，经济增长已经跨越起步阶段，逐渐走向成熟。在经济发展初期，社会公共事务急剧增加，对政府机构需求量较大；在当前的经济发展成熟期，公共管理相关各项制度趋于定型，尽管仍然有较大的社会公共事务需求，但政府机构自身能力随着经济发展而逐步提升，政府机构自身的规模效应也得到提高。第二，经济增长与政府机构数量增长间可能存在倒"U"型关系，即理论界的 Armey 曲线对于解释中国政府机构规模与经济增长关系时可能成立，可能存在最优的政府机构数量规模。由于研究条件限制，本章对此暂不做深入的实证研究。最优政府机构数量规模理论视角来看，我国现阶段政府机构数量已经超过最优政府规模，与经济增长体现出更多的不是正相关关系，甚至开始走向负相关关系。

（二）向省级层面的财政分权与政府机构数量的增长具有正相关关系

面向省级的财政分权的深化与政府机构数量增长并未体现出负相关性，在 10% 的显著性水平上具有正相关关系，假设 7 - 3 不成立。这也进一步说明，财政分权在限制政府数量规模效果上体现得并不像国内外理论界设想的那么充分，财政分权能否对政府机构数量规模发挥限制效应还有待斟酌。这一定程度上也印证了财政分权理论不能适用于中国政府数量规模的结论，例如郭庆旺等认为财政支出分权对县级地方政府支

---

① 吴木銮，林谧. 政府规模扩张：成因及启示 [J]. 公共管理学报，2010（4）：1 - 11.

出规模具有显著的正效应，① 孙群力认为支出分权导致地方政府规模的扩大，② 苏晓红等认为财政分权对政府规模约束关系在中国不成立。③ 在这里，财政分权理论之所以难以发挥出对政府机构数量增长限制作用，可能的解释是：面向省级层面的财政分权，增加了省级及其以下地方政府的财政自主性。伴随着地方财政自主性的增加，在帕金森定律的作用下，地方存在扩大机构数量的倾向和冲动，省级区域内政府机构数量就会出现增长。

四、结论与启示：发挥预算限制机构数量增长的作用

进入新常态后，我国经济发展从高速增长逐步转为中高速增长、经济结构不断优化升级，发展动力逐步从要素驱动、投资驱动转向创新驱动。随着经济的转型和升级，深化机构改革仍然是一项长期改革任务。

（一）继续推进机构改革，强化机构编制管理，优化政府机构数量规模

首先，积极稳妥推进大部制机构改革，整合职能相近、具有决策职能的部门机构。从政府横向结构来看，此举能够进一步降低和优化政府机构数量规模，但是大部制改革不是一味精简和整合政府相似类型的部门和机构。政府大部制改革的对象是具有决策职能的内阁职能部门，除此之外，发达国家政府仍然保留了许多具有执行职能的机构。大部制改革重点要瞄准具有决策职能的部门进行大部制整合，同时，以中央和省级政府大部制改革为引领，引导地方各级机构开展大部制机构改革。这是因为，我国各级政府机构按照"上下同构"的原则设立，上级机构整合势必带来下级政府机构的相应整合。其次，优化政府层级。通常而言，我国五级政府机构不仅增加了政府机构数量扩张的基数，也增加了政府治理的链条长度，降低了行政效率。要深入推进省管县改革，逐步

① 郭庆旺，贾俊雪. 财政分权、政府组织结构与地方政府支出规模 [J]. 经济研究，2010 (11)：59 – 72.
② 孙群力. 财政分权对政府规模影响的实证研究 [J]. 财政研究，2008 (7)：33 – 36.
③ 苏晓红，王文剑. 中国的财政分权与地方政府规模 [J]. 财政研究，2008 (1)：44 – 46.

实现地级市与县（县级市）脱钩，使两者在地位上平级，弱化地级市层级，建立中央、省级、市县和乡镇的四级政府结构。最后，推进机构编制管理制度化、法治化。机构编制管理是我国控制政府机构数量的重要手段。积极发挥各级编制委员会及其办公室的作用，建立政府机构设置调整相应的制度化、法治化的机制，实现机构管理从"人治"走向"法治"。

（二）推进财政预算改革，发挥财政预算限制机构数量增长的作用

政府预算不仅是政府的收支计划，还是对政府收支进行约束和规范的法律文件。发达国家尽管没有专门的编制管理机构管控机构人员数量，但通过严格的预算硬约束，可实现对公共机构人员和数量的管控。要降低和优化政府机构数量，必须发挥财政预算的内在功能。首先，推进预算管理法治化、透明化，通过预算"硬约束"，强化对政府机构数量的管控。深入推进预算法治，强化对各级政府预算管理的监督，尤其是发挥人大和社会公众在监督预算中的作用。

其次，推进省级以下财政分权，发挥财政分权对机构规模增长的限制与约束作用。中央对地方的财政分权并不能起到很好地限制地方机构数量扩张的作用，应该将财政分权重点转移到省以下各级政府之间的财政分权，从而发挥省以下财政分权对政府规模的限制和约束作用。

最后，重视政府自身能力建设，提高政府生产力。降低和优化政府机构数量规模不仅要从数量精简着手，还应该持续提升政府机构的能力。在同等的公共事务需求条件下，随着政府能力的不断提升，政府机构数量势必下降。改善和提升政府能力，是降低和优化政府机构数量的有效间接途径。

本 章 小 结

瓦格纳法则、财政分权理论具有特定的适用条件，难以解释中国政府机构数量层面的增长现象。

经济增长与财政收支因素是影响政府机构数量增长的两种重要因

素。经济增长、财政收支究竟是如何影响中国各地区政府机构数量增长的？通过对 1998 ~ 2015 年 31 个省级区域（不包括港澳台）内机关法人单位的面板数据分析，得出实证研究结论：第一，经济增长与政府机构数量增长不具有正相关关系；第二，财政分权与政府机构数量的增长不具有负相关关系，瓦格纳法则、财政分权理论具有特定的适用条件，难以解释中国政府机构数量层面的增长现象。

第八章
公共部门人员规模
与结构分析

公共部门工作人员规模（亦称"财政供养人员规模"）是大还是小？公共部门人员占总人口的比例（也称"官民比"）是否合适？这些问题是中国社会非常关注的公共管理基本问题之一，政府规模问题也是公共管理理论研究的基本问题之一。从中国国内理论研究看，主要从政府财政支出规模、政府机构规模、政府人员规模三个角度展开。其中，财政支出规模研究成果较多，机构与人员规模研究相对较少。分析公共部门人员规模，有利于进一步科学把握超大规模国家治理的特征，为推进国家治理现代化提供新的路径。

一、公共部门人员的定义与规模分析口径

分析公共部门人员规模的关键理论问题是公共部门人员的定义与统计口径。由于各国政治体制、历史文化等因素的影响，各国在具体的公共部门人员定义和范围上存在显著差异。各国虽然基本上都把政府行政机关工作人员作为公共部门工作人员的核心组成，但在具体的人员范围上、非行政机关公共部门人员范围各不相同。从狭义到广义看，从小到大，我国公共部门人员的定义与范围主要包含如下内容。

第一，公务员队伍（含参公管理）。根据 2005 年第十届全国人民代表大会常务委员会第十五次会议通过、2018 年修订的《国家公务员法》，公务员是指依法履行公职、纳入国家行政编制、由国家财政负担工资福利的工作人员。具体而言，公务员主要包括九大类构成部分：中国共产党机关工作人员、人民代表大会及其常务委员会机关工作人员、

人民政府工作人员、监察委员会工作人员、人民法院工作人员、人民检察院工作人员、中国人民政治协商会议各级委员会机关工作人员、民主党派机关和工商业联合会机关的公务员工作人员、参照《中华人民共和国公务员法》管理的人员。

第二，党政机关和事业单位工作人员。具体而言，包括两类。一是具有行政编制和事业编制的人员。在公务员队伍基础上，该定义涵盖了我国事业单位中具有事业编制的工作人员。二是行政机关和事业单位所有的工作人员，既包括行政机关和事业单位中具有编制的工作人员，也包括行政机关和事业单位编外人员（聘用人员）、财政供养人员。

第三，党政机关、事业单位、国有企业和基层村（社区）工作人员。该定义是我国公共部门工作人员定义和规模的最大口径和最大范围，纳入了我国国有企业工作人员、基层村（社区）工作人员。

二、公共部门人员规模的国际比较：官民比问题

（一）小口径的公共部门人员规模分析——公务员

从我国公务员人数占总人口规模的比例看，根据人力资源和社会保障部的统计，到 2015 年底，全国拥有公务员人数为 716 万。如按照全国公务员每年招录 18 万人的增量测算，到 2021 年全国公务员总数约为 824 万。2021 年，中国总人口数 14 亿，公务员相对总人口规模为 0.59%。从公务员人数占就业人口的比例看，到 2021 年，全国就业人口总数为 7.7 亿，公务员相对就业人口比例为 1.07%。从该口径看，我国公务员队伍规模相对比例并不大。

（二）大口径的公共部门人员规模分析——国有单位

从公共部门人员占总人口规模的比例，到 2019 年，中国国有单位就业人数为 5 473 万，相对总人口 14 亿的规模为 3.9%。从公共部门人员占就业人口的比例看，相对就业人口总数 7.7 亿的规模为 7.1%。即使采用大口径标准进行中国公共部门人员规模测算，中国公共部门人员占就业人口的比例为 7.1%。相对 OECD 国家平均 18% 的比例而言，中

国公共部门人员规模相比比例较少（见图8－1、表8－1）。中国国家治理是超大型国家治理。相对较少比例的公共部门工作人员表明，中国公共治理在人力资源投入上具有低成本优势。从国际比较看，认为我国公共部门工作人员总规模过大的"官民比"问题并不能成立。OECD国家中，政府工作人员占就业人口比例最小的为韩国、日本。与这两个国家相比，我国公共部门工作人员规模须予以管控。

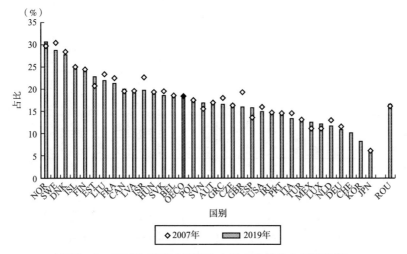

图8－1 OECD国家政府工作人员占总就业人员的比例

三、从规模控制到结构优化、存量开发：以事业单位为例，公共部门人员规模治理的基本策略

上述国际比较表明，我国公共部门人员规模并无规模过大问题。在公共部门人力资源管理过程中，要防止人员膨胀和人员规模扩张，更需要关注公共部门人员规模内部的结构优化和有效配置问题。首先，要优化公共部门人员结构。优化公共部门人员队伍的行政编制与事业编制结构、编制内人员与编制外人员结构、中央省级地市级县级乡镇级工作人员结构、"官"与"兵"结构等。建立健全激励机制，在有限的人力资源总量条件下，进一步激发公共部门工作人员的积极性和主动性。2019年，我国国有单位就业人员5 400万人左右；公务员730万人左右，在国有单位就业人员占比为13.5%；事业单位工作人员3 100万人左右，

表 8-1　部分 OECD 国家政府工作人员规模比例测算（1960~2020 年）

指标	国家	1960年	1965年	1970年	1975年	1980年	1985年	1990年	1995年	2000年	2005年	2010年	2015年	2020年
政府工作人员占就业人口的比例	比利时	11.72%	12.65%	13.57%	15.52%	18.59%	19.98%	19.08%	18.27%	17.62%	18.32%	18.59%	18.52%	18.17%
	加拿大	—	—	22.56%	24.57%	22.43%	21.96%	21.05%	20.68%	18.96%	19.30%	20.27%	20.08%	21.24%
	丹麦	—	—	16.93%	23.00%	27.18%	28.76%	28.13%	29.49%	29.50%	29.85%	31.86%	30.39%	29.21%
	爱沙尼亚	—	—	—	—	—	—	0.00%	24.33%	19.85%	21.40%	23.15%	22.44%	22.59%
	芬兰	8.82%	10.51%	13.62%	16.68%	19.66%	21.92%	23.73%	26.63%	24.97%	25.57%	25.88%	25.95%	26.49%
	法国	—	15.81%	17.01%	18.26%	19.01%	21.91%	22.50%	23.93%	23.47%	23.37%	23.09%	22.97%	22.50%
	匈牙利	—	—	—	—	—	—	—	24.23%	19.45%	19.07%	19.13%	19.19%	15.89%
	爱尔兰	—	—	—	—	—	—	14.83%	14.23%	13.95%	14.34%	16.12%	14.67%	15.53%
	以色列	—	—	—	—	—	—	—	—	24.47%	23.74%	22.00%	21.61%	21.88%
	意大利	8.73%	10.44%	11.87%	13.77%	14.57%	16.21%	16.76%	17.91%	16.93%	16.51%	15.94%	15.30%	15.21%
	日本	—	7.74%	7.60%	8.52%	8.72%	8.63%	7.95%	8.38%	8.43%	8.70%	7.76%	7.79%	7.49%
	卢森堡	—	—	—	—	—	14.31%	14.10%	14.87%	15.08%	15.79%	16.34%	15.69%	16.38%
	荷兰	—	—	15.64%	17.54%	18.82%	19.63%	18.00%	16.18%	13.60%	14.06%	13.89%	13.01%	12.54%
	挪威	—	—	20.40%	23.87%	25.42%	28.16%	30.97%	30.48%	30.73%	30.54%	31.00%	31.66%	31.66%
	波兰	—	—	—	—	—	—	—	18.28%	18.63%	18.55%	16.79%	15.75%	15.73%
	葡萄牙	3.97%	4.43%	6.33%	6.83%	8.61%	10.57%	11.74%	13.68%	15.37%	15.85%	16.17%	15.61%	15.34%
	斯洛伐克	—	—	—	—	—	—	—	22.09%	21.38%	18.59%	18.29%	18.15%	18.03%

续表

指标	国家	1960 年	1965 年	1970 年	1975 年	1980 年	1985 年	1990 年	1995 年	2000 年	2005 年	2010 年	2015 年	2020 年
政府工作人员占就业人口的比例	西班牙	—	4.77%	4.83%	6.77%	9.33%	12.21%	13.44%	14.93%	14.23%	14.22%	16.30%	15.77%	16.24%
	瑞典	13.45%	16.34%	21.90%	26.92%	32.12%	34.29%	33.00%	33.09%	30.83%	31.37%	29.15%	28.81%	29.20%
	土耳其	—	—	14.35%	15.31%	17.47%	15.81%	14.97%	15.23%	15.80%	15.50%	13.99%	13.97%	13.86%
	英国	—	14.34%	—	26.89%	27.22%	24.69%	20.82%	20.05%	18.70%	19.75%	19.58%	16.50%	16.44%
	美国	12.87%	14.34%	16.13%	17.27%	16.49%	15.43%	15.50%	15.56%	15.19%	15.39%	16.17%	14.80%	14.87%
	平均值	—	—	—	—	—	—	—	—	19.40%	19.54%	19.59%	19.00%	18.93%
政府工作人员占总人口的比例	比利时	4.56%	5.00%	5.34%	6.11%	7.28%	7.51%	7.53%	7.08%	7.17%	7.60%	7.78%	7.97%	8.28%
	加拿大	—	—	8.22%	9.85%	10.05%	9.88%	9.94%	9.38%	9.12%	9.65%	10.05%	10.47%	11.21%
	丹麦	4.74%	6.01%	8.01%	10.68%	13.20%	14.39%	14.64%	14.66%	15.01%	15.18%	15.29%	14.85%	15.02%
	爱沙尼亚	—	—	—	—	—	—	—	10.68%	8.32%	9.72%	9.88%	10.80%	11.14%
	芬兰	4.17%	4.96%	6.28%	7.86%	9.58%	10.89%	11.74%	10.77%	11.27%	11.70%	11.64%	11.62%	12.33%
	法国	—	6.79%	7.30%	7.75%	8.17%	9.03%	9.31%	9.68%	9.78%	9.76%	9.65%	9.65%	9.66%
	匈牙利	—	—	—	—	—	—	—	8.48%	7.58%	7.66%	7.41%	8.32%	7.31%
	爱尔兰	—	—	—	—	—	—	5.14%	5.31%	6.53%	7.07%	6.81%	6.62%	7.68%
	以色列	—	—	—	—	—	—	—	—	9.32%	9.22%	9.11%	10.33%	11.23%
	意大利	3.80%	4.20%	4.56%	5.20%	5.68%	6.20%	6.50%	6.55%	6.38%	6.40%	5.99%	5.70%	5.73%
	日本	—	3.72%	3.73%	3.98%	4.13%	4.14%	4.02%	4.31%	4.28%	4.33%	3.82%	3.89%	3.93%

续表

指标	国家	1960年	1965年	1970年	1975年	1980年	1985年	1990年	1995年	2000年	2005年	2010年	2015年	2020年
政府工作人员占总人口的比例	卢森堡	—	—	—	—	—	5.97%	6.02%	6.14%	6.39%	6.78%	7.09%	7.62%	9.00%
	荷兰	—	—	6.32%	6.85%	7.51%	7.64%	7.66%	7.11%	6.67%	6.88%	7.05%	6.62%	6.88%
	挪威	—	—	7.17%	8.76%	11.07%	12.25%	13.40%	14.69%	15.43%	15.23%	15.60%	16.74%	17.55%
	波兰	—	—	—	—	—	—	6.53%	6.85%	6.58%	6.38%	6.49%	6.43%	6.63%
	葡萄牙	1.51%	1.64%	2.44%	2.83%	3.50%	4.37%	5.37%	6.30%	7.04%	7.12%	7.00%	6.42%	6.79%
	斯洛伐克	—	—	—	—	—	—	—	8.84%	8.34%	7.67%	7.86%	8.16%	8.47%
	西班牙	0.00%	1.79%	1.79%	2.44%	2.99%	3.53%	4.53%	4.75%	5.49%	6.26%	6.55%	6.05%	6.70%
	瑞典	6.52%	7.88%	10.58%	13.46%	16.51%	17.86%	17.72%	15.28%	14.64%	14.93%	13.89%	14.70%	15.57%
	土耳其	—	—	4.74%	4.94%	5.52%	4.68%	4.46%	4.63%	4.68%	4.41%	4.16%	5.07%	5.07%
	英国	—	—	10.82%	11.92%	12.12%	10.74%	9.77%	8.92%	8.73%	9.56%	9.24%	8.34%	8.64%
	美国	4.69%	5.25%	6.19%	6.86%	7.21%	6.95%	7.38%	7.30%	7.37%	7.38%	7.27%	7.12%	7.11%
	平均值	—	—	—	—	—	—	—	—	8.46%	8.68%	8.62%	8.80%	9.18%

注：由于数据缺失，部分国家2015年、2020年数据采用2010年的数值。

资料来源：经济合作与发展组织（OECD）发布的公开数据，由EPS DATA整理，数据为每五年值。

在国有单位就业人员占比为 57.4%；其他公共部门人员 1 570 万人左右。事业单位职工占据我国公共部门人员规模的多数比例，因此，应以事业单位职工为重点，激励事业单位干部职工新担当新作为。

进入新时代，人民群众日益增长的美好生活需要不仅仅体现为对市场上商品生产的需要，而且多数表现为对公共产品和服务的需要。作为我国公共产品和服务生产提供的主要载体，事业单位在满足群众美好生活需要方面责任重大、使命光荣、任务艰巨。进一步激发事业单位干部队伍的积极性和创造性，需要有针对性地深入推进事业单位人事制度改革，补齐干部人事制度改革的"短板"，为新时代事业单位干部队伍新担当新作为创造良好的环境和条件。

（一）满足美好生活需要迫切要求激发事业单位干部队伍的积极性

人民群众日益增长的美好生活需要，多数是对优质公共产品和服务的需要，满足美好生活需要，关键是进一步优化公共产品和服务的供给。党的十九大报告提出，我国社会主要矛盾已经转化为人民日益增长的美好生活需要和不平衡不充分的发展之间的矛盾。在新的历史方位下，人民群众不仅对物质文化生活提出了更高要求，而且在民主、法治、公平、正义、安全、环境等方面的要求日益增长。在新时代，人民群众期盼更好的教育、更稳定的工作、更满意的收入、更可靠的社会保障、更高水平的医疗卫生服务、更舒适的居住条件、更优美的环境、更丰富的精神文化生活。这些美好生活需要的内容，绝大多数属于公共产品和公共服务范畴。可以说，在新时代，公众比历史上任何时候都需要、消费更多的公共产品和服务，政府比历史上任何时期都需要安排、提供更多的公共产品和服务。因此，相比而言，新时代把握和解决社会主要矛盾的着力点，须从以往强调私人产品生产和提供上，转向更加强调公共产品和服务的生产和提供。

事业单位是我国公共产品和服务生产提供的主要载体，事业单位干部队伍在满足人民群众美好生活需要方面责任重大、使命光荣。在我国，体制内主要有四支干部队伍：军队、党政公务员队伍、事业单位干部队伍、国有企业干部队伍。在新时代，要生产更多、更优质的公共产品和服务，满足人民群众日益增长的美好生活需要，必须更加依靠事业单位这支干部队伍，进一步激发事业单位干部队伍的积极性和创造性。一直以来，我国事业单位规模大、分布广、类型和层级多样，事业单位干部队伍素质高、专业性强，为新时代我国生产和提供更多更丰富的公共产品和服务奠定了扎实的基础。面向满足人民群众日益增长美好生活需要的目标，我国事业单位及其干部队伍还需要强化担当和作为，增强工作的积极性、主动性和创造性，创造更多、更优质的公共产品和服务。

（二）进一步激发事业单位干部职工新担当新作为的对策建议

党的十八大以来，党中央高度重视事业单位干部队伍建设，出台了系列法规和文件，为事业单位干部队伍担当作为创造了良好的条件，干部职工的获得感、幸福感和安全感显著增强。面向新时代，事业单位干部队伍新担当新作为还面临一些问题，不少也是老大难问题。结合自身的教学科研工作，笔者对一些事业单位主要领导干部（主要是中央部委所属事业单位和地方省级事业单位，含高校、医院、新闻媒体等单位）进行了访谈和调研，了解到一些值得重视的观点和建议。

1. 健全事业单位领导人员担当作为的容错和保护机制

在全面深化改革实践中，领导干部担当作为必然会调整一些人员的不正当利益，"动一些人的奶酪"。于是，有的人员对事业单位领导干部进行匿名或实名诬告，影响了不少事业单位领导干部主动担当作为的积极性。诬告者的诬告行为成本低，但"收益高"，对领导干部会造成不小的心理冲击和社会影响。因此，有的领导干部产生了怕出事、怕失误、怕担责的消极心态，把不出事作为最大的工作原则，坚持"多一事不如少一事、宁可不干事也要不出事"，甚至把责任和问题推给上级研究或集体研究解决。为此，在落实党政机关领导人员容错机制中，要重视事业单位领导人员容错机制的建设和落地。结合事业单位的特点，按照"三个区分开来"，确定有关免责和减责的情形。对于诬告行为，要建立及时的澄清和保护机制，为担当者担当。要甄别区分正常检举揭发和诬告陷害行为，对于后者，要及时澄清、消除负面影响，并对实施诬告陷害的，要建立惩处措施，防止好干部被污名化，让事业单位领导干部放下顾虑，轻装上阵，积极担当作为。

2. 加快推进事业单位管理人员职级职务并行改革

晋升是干部队伍最大的激励机制。不少基层事业单位管理人员面临的"天花板"现象。由于对于事业单位管理人员而言，晋升主要参照公务员体系实行职务晋升，基层事业单位在相对较低的机构规格下，中高级的职务岗位十分有限，管理人员晋升职称靠不上、晋升职级难度大、千军万马过"独木桥"，影响了事业单位管理人员的积极性和创造性。为此，对于事业单位管理人员，要按照公务员职级职务并行改革的方向，加快推进事业单位职级职务并行改革。职级职务并行改革，有利于解决基层事业单位晋升难和受机构规则限制的晋升"天花板"问题，调动事业单位管理人员的积极性。但事业单位管理人员又不同于公务员，在职级职务并行改革中，根据试点地区经验，制定专门办法。

3. 适当放宽专业技术岗位设置比例，优化专业技术岗位设置

在新时代，群众需要更多、更优质的公共产品和服务，作为直接生产者，专业技术队伍也要更多、更高层次。但对于专业技术人员而言，高级专业技术岗位设置比例相对较少，职称晋升通道日益拥挤。目前，专业技术高级、中级、初级岗位比例全国总体控制为1∶3∶6。这个比例是2006年制定的，但是十多年来，随着经济社会的发展，专业技术队伍在任务上和水平上都发生了很大的变化，高级岗位较少的问题日益凸显。实行评聘合一的事业单位人员，由于岗位设置的限制，难以评定高级职称和晋升高级岗位；实行评聘分开的事业单位，拥有高级职称人员远大于相应岗位数，拥有高级职称的人员不能及时获得岗位聘任，"论资排辈"现象随之产生，青年专业技术人员职称晋升通道日益狭窄。为此，建议在严格专业技术职称评定基础上，进一步放宽专业技术岗位设置比例，扩大高级技术岗位比例，鼓励专业技术人员，特别是基层事业单位专业技术人员通过学习获取高级别的职称资格和聘用。

4. 完善事业单位绩效工资总额的动态、分类核定机制

对于专业技术性强、行业市场化程度高的事业领域而言，事业单位人员薪酬相对较低，不少事业单位出现人才流失。比如，不少民营互联网企业瞄准新闻和传媒事业单位挖人，开出高薪酬，加速了该领域的事业单位优秀人才流失。从人才流失的角度看，事业单位无形中成了同行业民营企业人才培养的"培训学院"。究其原因，事业单位人员待遇的问题跟绩效工资制度不完善有关。虽然自 2016 年《关于中央有关事业单位实施绩效工资的通知》下发以来，各地全面推开事业单位绩效工资改革，但在新的条件下，绩效工资制度也逐渐暴露出一些问题，例如绩效工资总量以历史基数为基础核定、缺乏绩效工资总量动态调整。近年来，不少事业单位的工作任务呈现出大幅增长态势，以历史基数为基础的绩效工资总量核定机制限制了人才待遇的提升。在工资总额限制下，绩效工资的激励作用大大降低，因为给高层次人才和高绩效的人员提高待遇，必然其他人员的待遇要相应降低。

为此，建议在一定时间范围内，动态核定事业单位工资总额。区分类别（比如公益一类、公益二类和公益三类），分别建立公务员工资水平导向、市场导向的事业单位绩效工资总额的平衡、比较和调整机制。在优化绩效考核标准的基础上，健全相应的绩效工资制度。比如，要扩大事业单位绩效工资中奖励性绩效的比例，提高绩效激励功能。有的单位绩效工资中，基础性绩效占绩效工资的 70%，奖励性绩效占绩效工资的 30%，基础性绩效比例较大，绩效工资的奖励和激励功能相对较小。为此，要根据员工的绩效考核情况，对员工的绩效工资要进行动态管理。对于高层次人才，借鉴北京、南京等地方特殊人才薪酬不占工资总额的经验，探索事业单位人才薪酬不受工资总额限制机制和办法。在事业单位绩效工资制度中，要引入团队绩效和团队绩效工资，鼓励以团队的形式进行集体攻关和合作。

5. 建立事业单位机构编制统筹调剂使用和创新机制

事业单位编制是我国对事业单位人员数量（领导职数）的限额规定。作为我国财政供养人员的"大头"，事业编制是重要的执政资源。在编制总量控制的条件下，事业编制资源配置效率较低。有的地区、行业事业单位编制紧张，"无编可用"；有的地区、行业事业单位编制长期闲置，"空编不用"，两种现象同时并存。有的事业单位（比如教育部所属高校）编制规模是很早前核定的，现有编制数量远远不能满足事业发展需要，编制出现严重不足。为此，首先，在控制事业编制总量的基础上，要建立地区、行业、系统内部事业单位编制统筹调剂机制，解决编制资源闲置和紧张并存的难题。比如，安徽省借鉴了银行业"金融存贷"基本原理，通过将编制所有权与使用权分离，在不改变各事业单位编制数和"所有权"的前提下，把空编集中起来建立"周转池"（相当于存款），向急需行业定量投放（相当于贷款）。其次，对于编制严重不足的事业单位，要探索和创新编制管理机制。比如，在高校，要积极探索实行高校人员总量管理，作为编制管理的补充，提高用人单位自主权。最后，要建立事业单位编制标准化管理机制，科学确定事业单位编制资源。

6. 全面落实事业单位岗位聘用、合同聘用制度

改革开放以来，我国事业单位人员管理改革的方式是从身份用人向岗位用人转变，但岗位管理尚未完全实现，对于进入编制的事业人员，几乎辞不掉，成为"铁饭碗"，能进不能出，大大降低了事业单位人力资源配置效率。不少事业单位用工类型多样化，既有编制内人员聘用，也有社会聘用，甚至还有下属机构社会聘用。传统的身份管理模式，在事业单位多样的用工类型条件下，滋生了"同工不同酬"问题。这些人员工作相同，由于身份不同，拥有不同的待遇。有的事业单位实际工作中，社会聘用人员在工作中发挥了很大的作用，但得不到相应的待遇，"编内人员看，编外人员干"。为此，要彻底打破事业单位身份管理模式，全面推进事业单位岗位竞聘机制改革，无论是在编人员，还是编外人员，只要符合岗位条件，都可竞争上岗、合同聘用。此外，建立全面的绩效考核和管理制度，为岗位管理奠定科学基础。结合事业单位的行业特点和业务类型，建立科学的绩效考核标准化机制和方法（比如，引入 KPI 关键绩效指标法），对岗位设置进行动态调整，建立"能者上、中者让、庸者下"的动态调整和竞争机制，实现人员"能进能出"、岗位"能上能下"、待遇"能高能低"。

7. 加强顶层设计和分类改革，推进人事改革配套机制建设

事业单位人事制度改革与教育改革、医疗改革、科技体制改革、文化体制改革等专项改革具有高度的关联性和耦合性。教育改革、医疗改革、科技体制改革、文化体制改革的预期效果，很大程度上受到事业单位人事制度改革的根本性、基础性制约。专业领域改革效果的落地效果必然受到事业单位人事制度改革的锁定和影响。党的十八大以来，伴随着全面深化改革的深入推进，事业单位人事制度改革也随之有了进展。从基层单位的角度看，不少事业单位人事制度的改革举措由于缺乏改革配套和政策跟进，单项改革、局部改革在执行落实中存在中间配套"空挡"问题，出现"上热中温下冷"现象。有的改革举措对于事业单位类型和行业特点考虑不够，实行"一刀切"，大大削弱了改革措施的实际落地效果。

为此，要加强党对事业单位人事改革的全面领导。健全顶层设计机制，自上而下地加强对事业单位人事制度改革的系统指导、整体设计，防止碎片化、分散化改革。其次，推进事业单位人事制度分类改革。由于事业单位类型众多，要健全分类改革机制，科学制定不同类型、不同行业事业单位改革方案。事业单位类型多，在制定改革和政策时，要从行业特点和规律出发，制定合适的管理机制、薪酬机制、人才机制等，避免采用不合实际的"一刀切"改革办法。尤其是在事业单位人才工作方面，要分类推进人才评价机制改革。比如，临床医学人才要克服唯论文倾向，注重临床能力的评价，引入临床病历、诊治方案等作为评价依据。还要重视事业单位人事制度改革的配套机制建设。人事制度改革主要依靠基层单位的探索，容易出现"下改上不改、改了也白改"现象，让事业单位改革陷入困境。有关部门要加强对事业单位的关注和调研，了解全面深化改革过程中，事业单位对人事制度改革的共性需求，自上而下地制定有操作性、针对性的配套政策与文件，引领事业单位推进人事制度改革，激发事业单位干部队伍的内生动力和活力。

本 章 小 结

我国公共部门人员规模从静态上看存在的主要问题并非规模总量过大问题，优化结构是公共部门人员管理的重点和方向。

从动态上看，我国公共部门人员规模增长需要防控；但从静态总量看，问题并非规模过大。在公共部门人力资源管理过程中，要防止人员膨胀和人员规模扩张，更需要关注公共部门人员规模内部的结构优化和有效配置问题。

第九章
超大规模城市整体性治理机制的探索与构建

诺贝尔经济学奖获得者斯蒂格利茨指出："中国的城市化与美国的高科技发展将是影响 21 世纪人类社会发展进程的两件大事。"随着我国城市化进程的深入推进，大量人口逐步实现向大中小城市转移，各类城市快速发展、日新月异。尤其是伴随着大城市的区域与人口扩张，超大城市蓬勃发展，成为我国城市发展的新类型。2014 年，国务院发布《关于调整城市规模划分标准的通知》，增设了超大城市类型，把原有的四类城市类型调整为五类（城市按照常住人口规模大小，划分为超大城市、特大城市、大城市、中等城市、小城市五种类型）。其中，超大城市主要指城区常住人口 1000 万以上的城市。从这个意义上看，我国超大城市与理论上的巨型城市（megacity）、国际大都市（metropolis）定义近似，是城市体系中的最高级类型。从规模与层次看，超大城市治理是不同于一般城市治理的。

如何构建有效的超大城市治理体系是推进国家治理现代化进程中面临的新型任务与挑战。超大城市治理是不同于一般的城市治理、乡村治理，具有内在的特点与规律。从系统论的视角看，超大城市是一个复杂的巨系统[①]，超大城市治理也是一个复杂的巨系统。在超大城市巨系统

[①] 钱学森把系统分为简单系统和巨系统两大类，把巨系统又分为简单巨系统和复杂巨系统。巨系统是指构成系统的子系统或元素的数量非常庞大（如成千上万、上百亿、万亿），数量庞大是简单巨系统与复杂巨系统的共性。在特性方面，复杂巨系统表现出具有很多层次，而且每个层次都呈现系统的复杂行为。参见：钱学森，《一个科学新领域——开放的复杂巨系统及其方法论》，载于《自然》1990 年第 1 期。

之中，人口、资本、技术、设施等高度集聚，人流、资金流、物资流、信息流高度交汇，政治、经济、文化、社会等高度集成，党政机关、企事业单位、社会团体、公众等多元利益相关方高度关联。超大城市治理面临超大挑战，主要表现在两个方面。一是结构激变（产业结构、社会结构与人口结构）导致社会需求增量产生、原有社会结构解体、新旧移民相争。二是风险高度集聚。据《中国统计年鉴》，2008～2014 年仅发生在北京、上海、天津和重庆四个超大城市的突发环境事件的次数就占全国突发环境事件次数的 30%。[①] 要实现超大城市复杂巨系统的有效运行，必须构建有效的超大城市治理体系。作为最高级的城市类型，超大城市作为国家政治、经济、文化发展的"动力引擎"，在国家发展中具有核心驱动作用。随着国家治理现代化的推进，超大城市治理必须顺应时代要求率先实现现代化，在城市治理体系与能力现代化进程中发挥引领和带头作用。

一、超大城市治理割裂化、碎片化现象

从理论上看，作为复杂巨系统，超大城市治理体系内部模块之间是具有相互联系、相互影响的整体，需要具备高度的耦合性[②]和关联性。这种耦合与关联主要体现为：系统嵌顿、条块纠缠、层级互扰。但是，相对于理论上城市治理高度耦合和关联而言，超大城市治理体制机制在实践运行过程中表现出一定程度上的割裂化、碎片化现象（fragmentation）。这种现象主要是超大城市治理体系内部模块之间相互割裂、缺乏有机协同的状态。超大城市治理体制机制中的割裂化、碎片化现象，削弱了城市治理的整体效果，产生了"1＋1＜2"的低效化治理格局，是超大城市"城市病"问题日益严峻并难以得到有效治理重要原因之一。

（一）功能性割裂化、碎片化

从结构上看，我国城市治理体制主要是在计划经济条件下形成的上

---

① 李胜. 超大城市突发环境事件管理碎片化及整体性治理研究 [J]. 中国人口·资源与环境，2017（12）：88－96.

② 耦合性（coupling），也叫耦合度，是对系统内部模块间关联程度的度量。

下多层分级、左右高度分工的科层制组织体系。城市治理的整体性职能被分解为若干专业职能领域，并由若干有关专业职能部门进行专业化管理（包含垂直管理、属地管理等类型）。这种专业化管理模式主要适用于简单系统或简单巨系统，在中小城市公共事务治理中具有较强的优势。但是对于超大城市或大城市而言，这种专业化管理模式在复杂巨系统治理中弊端凸显。大城市、超大城市治理中，各类公共事务之间具有高度的耦合性和关联性，在组织形态上主要表现为高度的跨界性（跨地区、跨行业、跨部门等）。对于日益增多的跨界性公共事务，采用传统的专业化分工管理模式，容易导致城市治理出现功能性裂化、功能性碎片化现象。

城市治理功能割裂化、碎片化主要是指面对复杂多样的跨界性社会公共事务，城市政府职能部门相互分割、相互排斥，缺乏有效沟通与协作，导致整体性治理功能部门化、分割化、分散化。在城市治理体制之中，各部门几乎都有独立的职能领域，部门各自为战。这种功能割裂化的治理模式与日益增多的超大城市治理跨界性、复合性公共事务的矛盾日益凸显。许多跨界性、复合性公共事务难题之所以长期得不到解决，与城市治理功能割裂化具有较大关系。

从形式上看，对于超大城市治理的跨界性事务，虽然许多部门都有治理职责，但是由于官僚组织内在运行规律，这种重叠性交叉性事务往往"无人问津"。安东尼·唐斯的官僚组织领域理论认为，官僚科层组织存在特定的职能领域带，包括内部领域（中心领域、边缘领域）、无人地带、外围领域（见图9-1）。① 城市治理功能裂化给城市治理带来的最大危害是，对于跨界性公共事务而言，几乎难以成为官僚科层组织的中心内部领域予以重点关注、重点治理，容易陷入职能部门之间"都该管却都不管"的治理真空地带。横向权力过度分散部门式设置，是导致城市社会"碎片化"治理的关键性因素。②

---

① 安东尼·唐斯. 官僚制内幕 [M]. 北京：中国人民大学出版社，2006：227.
② 陈文. 城市社会"碎片化治理"的生成机理与消解逻辑 [J]. 经济社会体制比较，2017（3）：54-63.

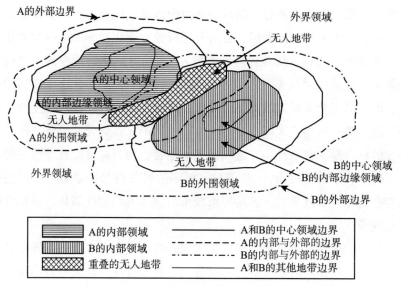

图 9 - 1　官僚组织中部门的领域带

资料来源：安东尼·唐斯. 官僚制内幕［M］. 郭小聪，译. 北京：中国人民大学出版社，2006：10.

（二）层级性割裂化、碎片化

从纵向看，我国城市治理体制是一个高度等级化、层级化的治理体制。在外部宏观上，大中小各类城市表现为等级化管理，有中央管理的直辖市、副省级城市、省自治区管理的地级市、地级市领导的县和县级市、县和县级市领导的乡镇五个层级的城市。在城市内部，形成了多个管理层级的治理体制，比如超大城市内部治理体制为市—区—街道—社区的四级管理体制。

在行政层级上，我国超大城市行政层次高，几乎都是直辖市、副省级城市，具有显著的行政资源优势；但是在内部管理层级上，多层级体制也让城市治理容易产生层级性割裂化、碎片化，这种层级性割裂化、碎片化集中体现在基层街乡与区级政府部门之间"条块关系"上。一方面，街道（乡镇）与部门之间协调不紧密。我国执法机制是"条条"的执法推进机制，基层执法的主要推力来自"条条"中的上级，"条条"中的上级对下级分配各种执法任务，下级执法机构在体制压力下展开工作，并接受考评。① 在"条条"执法模式下，作为属地的街道办和乡镇，具备发现问题的优势，但没有执法权，难以协调部门到一线执法；区级政府执法部门虽然有执法权，但是管理重心偏高，与各街乡配合不紧密，不能很好地深入一线去发现和解决问题。街乡与部门之间出现的层级性割裂化、碎片化，导致城市基层治理出现"看得见的管不了，管得了的看不见"现象，无法形成合力。另一方面，各级不断强调属地管理，导致职能部门将大量事务下派到街道（乡镇）。以前，街道（乡镇）是个"筐"，职能部门把什么往里"装"，但街道能把有的任务"漏"到社区；现在，随着社区管理制度的完善，街道（乡镇）是个"缸"，职能部门把什么往里"装"，但街道（乡镇）不能把任务"漏"到社区，导致街道（乡镇）任务大量增加。②

（三）空间性割裂化、碎片化

城市具有严格的物理区隔，城市治理具有明显的空间属性，这是城市治理区别于乡村治理的重要属性。空间属性为城市治理提供了有效的治理依据和基础，也为城市治理产生空间性割裂化、碎片化提供了可能。从权力空间结构看，随着我国城市社会从单位制向社区制的转变，国家权力、公共权力在城市空间逐步衰退，私人权力空间不断生长，城市公共权力空间结构不再是铁板一块，这张"铁板"逐步出现碎片化。③ 这种权力空间结构的变化，改变了城市治理的基础。超大城市治理也不例外。在城市公共权力空间结构碎片化条件下，单独依靠碎片化的传统行政体制进行治理，必然使城市治理面临许多空间性、社会性局限，降低城市治理的空间半径，无法达成有效城市治理的应有半径。

从行政区划来看，空间性割裂化、碎片化还表现为具有高度经济社会联系的超大城市行政区域被分为若干面积的行政单元，进行分块管理、分块负责，超大城市内部各单元、超大城市与外部行政区域难以进

---

① 陈柏峰. 党政体制如何塑造基层执法［J］. 法学研究，2017，39（4）：191 – 208.

② 课题组对某街乡主要负责人的专题访谈，时间：2018 年 4 月 20 日。

③ 李利文. 中国城市空间的治理逻辑——基于权力结构碎片化的理论视角［J］. 华中科技大学学报（社会科学版），2016，30（3）：38 – 46.

行协同整合。超大城市空间性割裂化、碎片化问题不仅体现为城市内部跨区域整合协同问题，还包括超大城市与周围行政区域的整合协同问题。比如，北京、上海、广州等超大城市与其所在的周围区域——京津冀、长三角、珠三角地区，在环境治理、基础设施建设等方面有许多跨区域治理的事务。由于缺乏必要的协同机制，超大城市治理主要体现为行政区治理，许多跨区域问题难以得到有效解决。

（四）主体性割裂化、碎片化

作为复杂的巨系统，超大城市治理系统之中，嵌入着多个利益相关方、治理主体，主要包括党政机关、企事业单位、社会团体、群众自治组织及公众居民等。在城市治理中，这些治理主体利益高度关联、行为相互影响和作用，几乎任何复杂城市治理任务的完成都需要这些多元主体的协同配合。但是，在实践中，大城市治理在主体结构上呈现出主体性割裂化、碎片化现象。

这种现象主要是指各类治理主体在城市治理活动中相互封闭、割裂，缺乏积极参与、协同合作，倾向于政府等单一主体单兵作战，未能形成各类主体共治精治的局面。一方面，从政府与社会、政府与市场的维度看，城市政府主体在城市治理中行政主导过多，社会与市场主体参与不足。虽然近年来大城市政府、超大城市政府在治理理念和治理价值上逐渐认识到了社会参与的重要性，但行政管控色彩依然过重，社会参与到城市治理中尚缺乏有效的机制与渠道。我国城市社会碎片化治理源于存在计划经济条件下行政权力向社会领域过度延伸的路径依赖。[①] 另一方面，从城市属地政府与城市内其他党政机构维度看，党政治理主体在超大城市治理中表现出资源分散、协同整合难的问题。比如，在超大城市中，分布着各类中央垂直管理、市级垂直管理的党政机构和单位，由于行政隶属关系的原因，区级城市政府往往难以调动和整合这些主体并使其有效地参与到城市治理之中。主体性割裂化、碎片化，容易使超

---

① 陈文. 城市社会"碎片化治理"的生成机理与消解逻辑 [J]. 经济社会体制比较, 2017 (3): 54-63.

大城市治理难以达成共识，造成治理资源的消耗与浪费。

（五）信息割裂化、碎片化

随着互联网时代的深度发展，超大城市各类信息高度汇聚。作为复杂的巨系统，信息是连接城市治理各个子系统与模块的重要资源，为城市治理主体提供了有效的决策与治理支持。实践中，城市治理中却存在各类"信息孤岛"现象，导致城市治理信息割裂化、碎片化。信息割裂化、碎片化主要是指在城市治理中，"条条"之间、"条块"之间、各主体之间虽然各自建立了各自领域的信息系统，但这些信息系统之间具有很强的封闭性，难以实现开放共享，呈现出信息系统相互不联通、相互不兼容的状态。

近年来，各大城市依托智慧城市建设高度重视信息化，强调运用信息化手段，推进治理现代化。但是由于结构性原因，城市治理信息系统却在"条条"之间、"条块"之间、各主体之间呈现出较强的割裂化、碎片化。城市中种类繁多的热线电话是城市信息割裂化、碎片化的外在表征（见表9-1）。除热线电话外，城市治理中有关的内部管理系统、服务终端（客户端）、微信微博平台等，都体现出了条块分割特征。整合各类城市治理信息系统，实现信息系统融合发展，是城市治理现代化的必然趋势。

表9-1　　　　　　北京城市治理中的主要热线及主管机构

热线名称	热线电话号码	热线系统主管机构
城市市民热线（市长热线）	12345	城市政府
报警热线	110	公安部门
消防热线	119	消防部门
急救热线	120	卫生部门
交通热线	122	交通管理部门
环保热线	12369	环保部门
工商热线	12315	工商部门
税务热线	12366	税务部门

热线名称	热线电话号码	热线系统主管机构
北京城管热线	96310	北京市城管执法部门
北京自来水热线	96116	北京市自来水集团
北京天然气热线	96777	北京天然气集团
北京市公交热线	96166	北京市公交集团

二、理论分析工具：整体性治理理论

自 20 世纪初以来，公共管理理论经历了数次理论范式转变，先后呈现出四种基本理论范式。在 20 世纪 60 年代以前，以官僚制理论为代表的传统公共行政是主导理论范式；20 世纪 60 年代，新公共行政理论范式兴起；20 世纪 80 年代后，新公共管理理论勃然兴起，并在全球范围内掀起了以民营化为主要特征的新公共管理改革浪潮。21 世纪以后，理论界开始对新公共管理进行批判与反思，理论研究与改革实践进入后新公共管理时代。在当前新理论发展时代，整体性治理理论逐步兴起，成为公共管理理论研究与改革实践的前沿主题。整体性治理的思想正在产生越来越大的影响力。[①]

（一）整体性治理理论的内涵与框架

整体性治理（holistic governance，台湾学者称之为"全观型治理"），是 21 世纪初以英国佩里·希克斯等学者为代表针对新公共管理理论在治理实践中产生碎片化、分散化等困境，在分析英国等国家政府改革实践[②]基础上，提出的新管理理论、管理理念。该理念得到了理论界的积极响应和关注，产生了许多与整体性治理近似的学术概念，包括网络治理、协同治理、协同政府、整体性政府、无缝隙政府等。

---

① 竺乾威. 从新公共管理到整体性治理 [J]. 中国行政管理，2008（10）：52 – 58.
② 1999 年，英国工党政府《现代化政府》政策白皮书中，提出构建协同政府概念，此后，澳大利亚、新西兰等国家纷纷效仿，提出整体性政府改革路径。

1. 整体性治理的对象

以问题为导向，是整体性治理理论的出发点和逻辑起点。整体性治理不是公共事务治理的万能方案，而是具有特定的范围和对象。棘手问题（wicked problems）或复杂性公共事务问题，是整体性治理的对象。棘手问题是跨越了多个部门或多个主体边界、单一部门或单一主体难以解决的问题。① 棘手问题具有的特质是：问题多且相互连接，无法由单一层级政府来解决，设计多种层级与类型的组织，这些问题无法轻易划分，问题的解决需要多方参与和长期的协调。② 与传统官僚制理论、新公共管理理论比较，整体性治理的最大区别是以解决人民的问题、满足人民的需要为核心；前两种理论范式主要是以解决政府问题为核心。③

2. 整体性治理的内容

整合是整体性治理的关键词。在内容上，整体性治理包括三个层次的整合：层级整合、功能整合、公私跨界整合（见图9－2）。纵向层级整合是指围绕治理问题，以公众需求为导向，进行不同层级的整合。横向功能整合是在政府组织内部，横向地进行多部门的整合。公私跨界整合是围绕问题，公共部门与私人部门之间进行跨界整合。要实现三个层

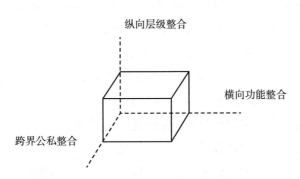

纵向层级整合

横向功能整合

跨界公私整合

图9－2　整体性治理的内容框架

---

① Leat Diana, Seltzer Kimberly, Stoker Gerry. Understanding Holistic Governance：Towards a Conceptual Framework，2002：28－54.

② Leach R, Percy－Smith J. Local governance in Britain［M］. Palgrave，2001.

③ 彭锦鹏. 全观型治理：理论与制度化策略［J］. 政治科学论丛，2005（3）：61－100.

次的整合，主要的方式有组织内部结构性改革与整合、服务整合、信息系统与技术整合等。

（二）整体性治理理论在城市治理中的适用性分析

在政府改革实践基础上产生的整体性治理理念，为我国深化改革、推进治理现代化提供了借鉴与参考。胡佳认为，虽然整体性治理是西方国家政府改革的产物，整体性治理的产生制度背景与我国行政改革的制度背景具有较大差异；但是剔除体制等因素，可以从整体性治理中总结出对我国政府改革的普遍性启示。① 事实上，整体性治理理论在许多改革创新实践中都得到深入应用和体现。比如，近年来，中国从地方实践上升为国家战略的河长制，就是通过建立整体性的负责制度、破解"九龙治水"碎片化治理的制度实践。② 各地建立行政服务中心、行政审批局，也是通过搭建具有整体性审批服务功能的场所、组织机构，破除行政审批碎片化、部门化、分散化现象的整体性改革实践。各地推进综合执法改革，建立城市管理等多种类别的综合执法机构和队伍，也是破除政府行政执法碎片化、部门化现象的整体性实践。

从党的十八大以来我国全面深化改革的实践看，整体性治理与我国全面深化改革注重系统性、整体性、协同性理念是高度契合的。2013年，党的十八届三中全会通过的《中共中央关于全面深化改革若干重大问题的决定》提出：必须更加注重改革的系统性、整体性、协同性。2017年，党的十九大通过的《党章修正案》，把增强改革措施的协调性修改为更加注重改革的系统性、整体性、协同性。

整体性治理也为破解城市治理碎片化问题提供了新的理论策略与实现路径。范逢春认为，整体性治理为特大城市社会治理模式与机制的重建描摹了具有借鉴参考价值的图示。③ 陈文认为，要消解"碎片化治

---

① 胡佳. 迈向整体性治理：政府改革的整体性策略及在中国的适用性 [J]. 南京社会科学，2010（5）：46－51.

② 王伟，李巍. 河长制：流域整体性治理的样本研究 [J]. 领导科学，2018（17）：16.

③ 范逢春. 特大城市社会治理机制创新研究——基于整体性治理的维度 [J]. 云南社会科学，2014（6）：146－151.

理"困境，须从结构、职能、责任、制度与组织层面对城市治理体制机制进行系统性优化。任博和孙涛认为，整体性治理策略框架与城市政府跨部门、跨层级公共事务治理具有契合性，为城市政府公共服务职责及其供给"碎片化"提供了解决思路。①

三、"街乡吹哨、部门报到"中整体性治理机制与效应分析

作为首都，北京超大城市治理在中国国家治理体系中具有特殊重要的地位。2014 年 2 月，习近平同志在北京考察工作时强调，建设和管理好首都，是国家治理体系和治理能力现代化的重要内容。② 为推进首都城市社会治理，2018 年 3 月，北京市出台《关于党建引领街乡管理体制机制创新　实现"街乡吹哨、部门报到"的实施方案》，把"街乡吹哨、部门报到"确定为首都城市治理改革的"1 号课题"。作为"街乡吹哨、部门报到"机制的发源地，朝阳区印发了《关于加快推进党建引领街乡管理体制机制创新实现"街乡吹哨、部门报到"的实施方案》，确定了朝外、三里屯、安贞、双井、麦子店、酒仙桥、东坝、将台、常营、太阳宫和奥林匹克公园管委会等 11 个单位为试点单位。

街乡吹哨、部门报到是城市治理中街道、乡镇和职能部门之间建立的发现和解决复杂公共事务问题的机制，即复杂问题发现在属地、解决在部门的治理机制。首先，街道和乡镇层面发现问题，发出"吹哨"治理信号。街道和乡镇处于城市治理的基层，具有发现公共问题的优势；但是由于街道、乡镇职责和权限限制，属地街道和乡镇缺少解决许多属地化公共事务问题的权限（主要是执法权）和能力。其次，职能部门报到，处理和解决公共治理问题。在我国部门执法体制的架构下，政府职能部门是行业问题执法和治理的主要力量，具有行使执法权的优势。但是，由于职能部门往往处于基层之上，难以及时发现公共治理问题。即使某个部门发现问题，由于公共事务呈现的跨界性和跨地域性，

---

① 任博，孙涛. 整体性治理视阈下我国城市政府公共服务职责划分问题研究 [J]. 东岳论丛，2018（3）：165－172.

② 深入贯彻总书记视察北京重要讲话精神　奋力开创首都发展更加美好的明天 [N]. 北京日报，2017－06－19（001）.

单个职能部门也难以从根本上解决。通过"街乡吹哨、部门报到"机制，政府职能部门可以实现与街道乡镇、其他有关部门联动，提高整体性治理能力。

从整体性治理的视角看，"街乡吹哨、部门报到"实践，体现了整体性治理的整合特征，释放了城市治理的整合效应和效能，提高了城市治理的整体性、系统性和协同性。面对具有复杂性的跨部门事务，作为属地的街乡，以往主要依靠领导干部之间的关系和感情（吹关系哨、吹人情哨），让有关部门参与进来，解决复杂问题；依托现有的街乡吹哨、部门报到机制，街乡与部门之间的整合互动关系更加制度化、规范化（吹机制哨），街乡基层在治理体制中的属地作用更加凸显。①

（一）"街乡吹哨、部门报到"中的层级性整合机制与效应

建设实体化综合执法平台，实现执法力量的条块层级整合。北京市要求在街道乡镇普遍建立实体化综合执法中心，公安、消防、城管、工商、交通、食品药品监管等部门执法力量到街道乡镇办公，推动执法力量下沉基层。朝阳区完成了 11 个试点单位实体化综合执法平台建设，形成了"两级统筹，常驻固化，进驻响应"的模式。实体化综合执法中心建设，既改变了基层社会治理倒三角的人员配置结构（区级职能部门人员多、街乡人员少），又实现了执法力量在职能部门与街乡的有效整合。实体化综合执法中心把具有执法权的职能部门执法人员下沉到街乡，为街乡属地进行社会治理提供了执法资源，从结构上提高了条块联动的效率。

在现行的行政管理体制下，各部门权力行使中存在着空白点，"谁也管不着"；也存在交叉点，"可管可不管"。从权力关系上看，"吹哨—报到"是一种授权机制，是在现有平行的权力之间，增加了一种新的介质，把权力连接起来，把责任连通起来。"属地吹哨、部门报到"的机

---

① 资料来自课题组对某街乡主要负责人的专题访谈，访谈时间：2018 年 4 月 20 日。

制扭转了属地与部门之间的关系，强化了属地管理的作用。①

面向街乡，下放考核权，实现了权力结构的条块层级整合。考核权是实现基层条块整合的关键。2018 年，北京市委书记蔡奇在人民代表大会第一次分团审议时指出，"街乡吹哨，部门报到"不是一句口号，而是一种机制，通过这种机制，加大街乡考核部门的权重。北京市积极推动向街道乡镇赋权，强化街乡对政府职能部门的监督考核权，提高街乡考核权重，要求所占比例应不少于被考核部门绩效的 1/3。朝阳区梳理完善了考核评价制度，在千分制考核中，调整街乡对部门考核权重，提高了街乡属地对部门的考核权力。

（二）"街乡吹哨、部门报到"中的功能性整合机制与效应

建立跨部门协同与条块联动机制，实现了复杂公共事务难题的有效整治。"街乡吹哨、部门报到"实践中，吹哨单位吹哨后，相关多个部门报到，并明确牵头部门或主责部门、配合部门，实现了多部门的整合与协同。北京平谷区在"街乡吹哨，部门报到"联合执法模式中，规定各相关部门执法人员须在 30 分钟内赶到执法现场，根据职责拿出具体执法措施，避免了部门推诿与扯皮。朝阳区率先总结提出了七步工作法，将"街乡吹哨、部门报到"流程划分为哨源形成、街乡分析研判、街乡吹哨、区级平台受理（联审、立项、派发）、部门报到、评价监督和结果反馈等阶段，实现了条、块功能性整合与过程性整合的统一。针对城市社会治理中的复杂问题，建立"街乡吹哨、部门报到"，改变了多个部门各自为战、分散治理的碎片化治理格局，形成了具有整体性治理特征的实践案例（见表 9－2）。

推进街道大部制改革，实现了街道内部横向功能性整合。北京市要求依据街道职责任务，按照扁平化管理的工作要求，综合设置街道党政内设机构、减少行政管理层级、加强直接面向群众的服务与管理机构建设。朝阳区积极推进有关街道大部制改革，建设具有综合化、整体性的

---

① 关于"吹哨—报到"机制的认识，平谷报，http：//www.bjpg.gov.cn/publish/portal0/tab1693/info64144.htm，访问时间：2018 年 8 月 1 日。

表9—2 北京市、朝阳区"街乡吹哨、部门报到"的典型案例

案例名称	治理问题描述	吹哨单位	报到部门	解决对策与效果
北京南站整治	运输保障和交通秩序问题	7月29日，媒体反映、网民吐槽	北京市交通委、北京铁路局、北京丰台区政府、北京南站管委会相关调度站、出租管理站点负责人先后在北京南站东西停车场，南北广场公交枢纽、地铁4号线等重要点位进行实地勘察，清理问题死角、研究和落实运输保障、交通秩序治理和服务提升等多项整治措施	交通部门增加夜间出租运力，增开公交高铁专线多样化线路；执法部门加大违法打击力度，对南站周边道路实施联合执法等
青慧南路治理	违法建设、无照经营、污水横流、油烟噪声扰民等问题	太阳宫乡党委研究决定召开青慧南路综合治理专项会议，地区综治办"精准吹哨"	市区城管执法监察局、区规划工委、区水务局、左家庄工商分局、区环保局、区园林绿化局、办事处城管执法分队、规划科、安监科、综治办、食药所、宣传科等相关职能科室"闻哨报到"	职能部门也提出了解决本问题的建议，实现了高效解决本涉多部门的复杂问题解决。在办事处配合下进行认证照进行联合执法坚决打击执法无证照共查处33家店铺
双井打通双花园南里断头路	交通治理问题	双井街道	规划、城管、交通、绿化10余个职能部门"哨声"集中来属地报到，共同参与到整治工作中	2017年6月进场施工，9月双花园南里断头路顺利打通并建设完成
安贞路交通拥堵治理	交通拥堵问题	街道工委研究后，向区级平台申请"吹哨"	朝阳区城管委、园林绿化局、规划国土分局、交通支队等8个部门多次聚集"报到"，召开会议	计划在今年内迁改造安贞路为双向六车道，利用周边社会单位停车资源开展错时停车，向患者开放安贞医院内部停车场、研究修建立体停车楼等3大类14项措施，缓解安贞路交通拥堵
常营乡整治草桥地铁站等地区乱象	占道经营的商贩以及黑车、黑摩的等非法运营	常营乡	朝阳交通支队双桥大队、北京市交通执法总队第五执法大队、常营交管队、派出所、综治办、安监科等多个部门进驻城市管理综合执法平台，对常营地区乱象开展综合整治	通过"街乡吹哨、部门报到"常态化整治，合理分配执法力量和资源，将多方执法力量凝聚成"一股绳"，对违法现象得到进一步遏制
奥管委亚投行施工临时及办公区搬移选址	腾退搬迁问题	奥管委决定牵头召开关于办公建筑搬迁问题会商会议	市公联公司、市自来水集团、市热力集团、中国联通北京分公司、中国移动北京分公司、北信息基础、歌华有限、北投集团、朝阳供电公司和朝阳道路养护中心；市园林绿化局和区园林绿化局等单位或部门报到奥管委报到	各单位正紧锣密鼓按地要求开展工作

治理结构。比如，麦子店街道根据前期梳理的各科室工作职责清单，推进机构改革，构建了"7部1平台3中心"的街道大部制体制。

（三）"街乡吹哨、部门报到"中的主体性整合机制与效应

依托党政群共同商共治机制，大力推进社会参与，实现了多元主体性整合。推进社会参与是朝阳区"街乡吹哨、部门报到"建设的创新。朝阳区发挥长期以来在社会治理创新中形成的党政群共商共治机制，依托全域覆盖、立体联动、全员参与的共商共治工作网络，开展街道、社区、社会单位三个层面议事协商，为"吹准哨"发挥基础性作用。朝阳区在全区446个社区居民议事厅全覆盖的基础上，推动居民议事厅向楼院、小区延伸，全覆盖的共商共治机制，实现了整体性治理是以公民需求为导向。此外，朝阳区推进"街乡吹哨、部门报到"向下、向外延伸，强化了社会的参与。朝阳区推进适用层级下沉一级，实现"社区吹哨、科室报到""支部吹哨、党员报到"；在适用方式上，注重发挥社区、驻区单位、物业公司等主体作用，推动"社区吹哨、社会力量报到"，极大地实现了主体性资源整合。

（四）"街乡吹哨、部门报到"中的信息整合机制与效应

强化信息平台建设，实现了治理信息的整合。北京市要求加快推进城市管理网、社会服务管理网、社会治安网、城管综合执法网等"多网"融合发展，实现区、街道（乡镇）、社区（村）三级在信息系统、基础数据等方面的深度融合、一体化运行。长期以来，朝阳区根据辖区面积大（辖43个街乡）、人口多的特点，注重利用信息化，推进信息整合，促进社会治理创新发展。2003年以来，朝阳区整合了分散化的各部门热线，设立"96105"朝阳政府便民热线呼叫中心（非紧急救助热线），实现了电话热线信息的区域整合。

在"吹哨报到"中，朝阳区城管监督中心将区政府热线、政民互动系统、区舆情监测系统、社区反映、城市管理监督员、区政府朝阳政务微博、区政府热线微博、区政府热线微信公众号、监察委一键拍、区长信箱、人民网地方领导留言板、市12345、市网格平台、市政风行风

热线等 14 类信息渠道为一体，作为区级"街乡吹哨、部门报到"工作的哨源，实现了治理信息整合。双井融合多种政府服务热线资源，包括"12345"市政府非紧急救助服务热线、"96105"朝阳政府便民热线、朝阳区外宣办、政风行风、朝阳区监督中心、区长信箱互联网微信、微博等，深度推进信息融合。

（五）"街乡吹哨、部门报到"中的区域性整合机制与效应

发挥区域化党建优势，实现了党建资源的区域化整合。党建是中国城市社会治理的特有优势。与国际大都市、国内其他大城市相比，作为首都，北京城市治理具有自身鲜明的特点和优势。其中，党的政治优势和组织优势，是首都推进城市治理体系与能力现代化的最大特点和优势。只有加强党建引领，才能扩大城市治理的半径与范围，把政治优势和组织优势转化为治理优势。北京城市治理涉及许多利益相关者，如果仅仅依靠行政式治理方式，难以整合调动广大的治理资源，留下许多社会治理盲点、盲区。朝阳区充分发挥"一轴四网"区域化党建体系的工作基础，强化党建引领，为"街乡吹哨、部门报到"奠定了坚实的前期制度支撑。通过建立完善党员双报到机制，实施"支部吹哨、党员报到"，不断促进报到党组织、党员融入基层社会治理，发挥了各类党组织、党员在城市治理中的支持和参与作用。

建立"街巷长"和"小巷管家"机制，实现了区域人力资源的整合。一方面，北京市推动街道处级、科级干部担任"街巷长"，推进街道力量下沉；另一方面，推广社区"两委"干部、党员群众担任"小巷管家"，共同参与"家门口"街巷环境治理。作为背街小巷治理的共治方式，"小巷管家"机制调动了辖区居民的参与，增强了城市社会治理的资源与力量，实现了城市社会治理区域地理性整合、主体性整合。

四、推进超大城市整体性治理机制制度化的路径思考

推进超大城市整体性治理是破解超大城市治理割裂化、碎片化，解决超大城市复杂公共事务问题的重要任务与方向。整体性治理的实现，不仅需要树立整体性治理理念（整体意识、大局意识），还需要建立有

效的制度化机制。近年来，城市党委和政府针对城市治理中的难题，建立了许多具有整体性治理特征的工作机制，形成了许多具有整体性治理特点的实践，有效地提高了城市治理的整体性、系统性和协同性。但是，这些整体性治理实践主要停留在机制建构层面，治理成果的巩固需要进一步制度化。面向实现城市治理现代化的建设目标，完善制度化机制，从根本上、制度上长效实现整体性治理，是整体性治理发展的方向。

（一）整体性治理制度化的主要路径：系统论的视角

自整体性治理理论提出后，国内外不少学者结合本国治理实践，积极介绍、研究整体性治理理论，取得了许多研究成果。2008～2018 年，整体性治理相关研究论文迅速增长（见图 9 - 3），在中国知网数据库中，公开发表的以整体性治理为主题的学术论文达 941 篇，整体性治理理念得到理论界与实务界的关注认可。现有研究的主要特点有三个。第一，关注并回应"什么是整体性治理"，介绍和分析整体性治理的理念，比较整体性治理与新公共管理、合作治理等之间的联系和区别。第二，关注"如何实现整体性治理"。结合具体领域，不少学者进行了整体性治理机制的研究，比如食品安全、危机管理、城市社会治理等领域整体性治理机制。第三，关注研究"整体性治理怎么样"，总结、反思整体性治理的有关主张。

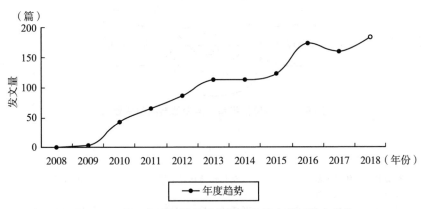

图 9 - 3 基于中国知网的整体性治理研究成果发表趋势

　　纵观现有研究，如何推进整体性治理制度化是整体性治理研究需要完善的任务与方向。希克斯等学者在讨论整体性治理的前景时提出了制度化概念，认为整体性治理目前尚未制度化，但至少是可以制度化的。① 如何将整体性治理制度化，希克斯等学者尚未给出具体答案。国内有少数学者探讨了整体性治理制度化路径。台湾学者彭锦鹏提出了整体性治理制度化的三项主要策略：建立在线治理基础建设、建立整合型组织和建立主动型文官体系。② 黄滔认为，内部构建大部制，外部倡导理性的公私合作，纵向构建部省合作新型关系，横向上建设电子化无缝隙政府，动态上从价值与伦理文化角度构建主动性公务员体系是整体性治理制度化的重要途径。③ 在上述学者对整体性治理制度化策略的思考基础上，本章尝试从系统论的视角剖析社会治理与公共治理体系（见图 9－4），构建整体性治理制度化的系统路径，主要包括：加强内部机构整合与协调制度建设，推进治理结构制度化；加强法治制度建设，推进治理方式制度化；树立制度化的整体性治理理念；加强公务员激励机制与制度建设，推进治理动力制度化；加强信息化建设，推进治理资源制度化；加强多元参与的协同机制与制度建设，推进治理主体制度化。

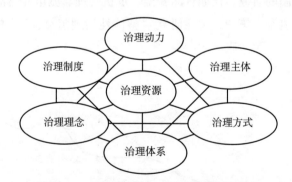

图 9－4　系统论视角下治理体系的组成要素

①　翁士洪. 整体性治理模式的兴起——整体性治理在英国政府治理中的理论与实践 [J]. 上海行政学院学报, 2010, 11 (2): 51－58.

②　彭锦鹏. 全观型治理：理论与制度化策略 [J]. 政治科学论丛, 2005 (3): 61－100.

③　黄滔. 整体性治理制度化策略研究 [J]. 行政与法, 2010 (2): 1－4.

（二）推进超大城市整体性治理机制走向制度化路径

基于整体性治理理论，结合我国超大城市治理的特点，除了树立制度化的整体性治理理念外，超大城市整体性治理机制制度化的主要路径如下。

1. 治理结构上，推进大部制体制改革，强化机构间协调制度建设

超大城市治理，要抓住我国机构改革的契机，大力推进党政机构大部制改革，提高治理体系内部的整体性。机构整合是整体性治理制度化建设的首要环节。社会学和管理学理论认为，组织结构决定组织功能，好的城市治理功能需要有效的城市治理结构与之相适应。城市治理面临的许多难题，从根本上说，是与城市治理体制和结构密切相关的。希克斯认为，功能性组织原则造成政府运行存在的问题有：高成本、错误行为集中化、对于改变行为的做法认识粗糙、思考眼光短浅、过于关注治疗缺乏预防、欠缺协调、评价对象错误、负责对象错误等。[①] 以机构改革为重点，加快城市治理结构的整合和变革是整体性治理的制度化建设的基础。

首先，要加大市级、区级党政机构合署办公或合并设立改革力度。党的十九届三中全会通过的《党和国家机构改革方案》要求，省市县对职能相近的党政机关探索合并或合署办公，市县要加大党政机关合并设立或合署办公力度。其次，加快推进行政执法体制综合化改革。综合化改革有利于整合分散的执法力量，建设整体性的城市行政执法体制。党的十九届三中全会指出，深入推进行政执法体制改革，一个部门有多支执法队伍的，原则上整合为一支队伍，推动同一领域或相近领域执法队伍综合设置。超大城市政府城市管理综合执法改革基础上，要积极探索其他领域的综合执法体制改革。最后，推进街道（乡镇）大部制改革，构建简约高效的基层管理体制。

在机构改革基础上，要建立有效的跨部门、跨区域协调制度。加强

---

① Perri 6，Leat D，Seltzer K et al. Towards holistic governance：the new reform agenda ［M］. Palgrave，2002.

与完善城市治理有关领导小组的制度化建设，为城市整体性治理提供顶层制度保障。完善城市治理有关联席会议制度、联合执法制度、联合踏勘与验收制度，为跨部门协调提供更多的制度化渠道。导入行政缔约等新型跨部门、跨区域协调制度，提高跨部门、跨区域协调的制度化水平。尤其是超大城市发展与区域城市群发展密切相关，超大城市整体性治理要跳出城市的视角，注重与周围区域协调联动，构建一体化的跨区域协调制度体系。

要注意建立完善清单管理制度，区分不同层级整体性治理的适用边界。整体性治理主要适用于复杂公共事务治理，不是所有公共事务治理的万能解决方案，具有特定的适用性。作为整体性治理机制，"街乡吹哨、部门报到"也具有自己的边界。北京市也明确了"街乡吹哨、部门报到"的适用边界，主要适用于综合执法、应急处突、中心工作三个复杂公共事务领域，占基层事务的 10% 左右。城市基层治理中，占比 90% 左右的街道和乡镇自身职责范围内日常事务不是街乡吹哨、部门报到的适用范围，专业化、部门化管理模式在日常公共事务管理中仍然发挥着重要作用。如果把街道和乡镇自身职责范围内能够处理的日常事务纳入吹哨报道范围，街道和乡镇就失去了存在的意义，形成"乱吹哨""不作为"现象。为此，要对城市的整体性治理实践进行清单化管理，建立分层级的边界机制。对于街乡解决不了的复杂公共事务，构建"街乡吹哨、部门报到"机制；对于区级政府也解决不了的复杂公共事务（比如市政有关公共服务难题），也要相应构建"区级政府吹哨、市级部门单位报到"机制，实现整体性治理向服务式治理方向发展。

2. 治理方式上，推进城市整体性治理有关法治建设

法治化是治理机制制度化的重要体现。党的十八届四中全会明确提出，依法治国是实现国家治理体系和治理能力现代化的必然要求。城市治理中，法治是基本方式。从城市治理的历史脉络来看，经历了统治、管理、治理等阶段，要实现城市治理现代化，法治化是不可或缺的手段和要素。实践上，尽管不少城市推进了整体性治理有关机制建设，但这些机制建设并未及时上升到法治化层面，可能面临不稳定、不持续的治理风险，容易陷入运动式治理、项目式治理困境。

　　首先，要注重运用法治思维和法治方式，推进城市整体性治理。及时将整体性治理机制建设中的成熟机制，借助超大城市拥有地方立法权①的制度优势，推进机制的法治化。其次，加快推进城市治理有关法律法规的立改废释，为城市治理实践提供有效的法治化保障。及时废除明显过时和落后的城市治理法律法规、及时修改不适用的城市治理法律法规、出台和解释城市治理法律法规。重点是要注重运用法治方式，为城市基层治理进行赋权。

　　"街乡吹哨，部门报到"只是一个理想化的工作创新模式，轰轰烈烈的短期宣传尚可，作为长期运行的工作机制却毫无可能。真正要解决"看得见的管不着，管得着的看不见"的城市病，办法只有一个，就是政府部门将手中的监督和处罚的执法权授权街乡，将审批权中的初审放到街乡。②

　　北京通过建立和完善街乡吹哨、部门报到机制，强化建设实体化综合执法平台，下放考核权，推进向基层赋权。这种赋权模式有效提高了街乡的治理能力，但这种模式本质上是行政性赋权模式。这种赋权模式是在不调整法律依据的条件下，进行的管理创新，具有现实操作性的优势。在行政赋权的同时，要强化法治性赋权。通过地方立法的形式，对街道有关权责给出规定和更新，推进面向街道的法治性赋权。比如，现有的《北京市街道办事处工作规定》于1999年制定施行，距今逾20年，需要根据首都街道和基层治理的需要予以完善。

3. 治理动力上，建立完善有效的公务员激励机制与制度

　　作为微观主体，公务员个体层面的动力是治理体系高效运行的重要条件，也是整体性治理制度化的重要条件。正如希克斯反复指出的那样，政府组织中，每一个人都要主动负责；建立主动型公务员体系是整体性治理制度化的重要内容之一。③在城市治理体系建设中，要

---

① 党的十八届四中全会决定提出，明确地方立法权限和范围，依法赋予设区的市地方立法权。设区的市具有地方立法权是城市治理制度化法治化的重要制度优势。

② 尚言随笔：想要"街乡吹哨、部门报到"并不容易，http://blog.sina.com.cn/s/blog_621d14e70102xiaw.html，访问日期：2018年8月1日。

③ 彭锦鹏．全观型治理：理论与制度化策略［J］．政治科学论丛，2005（3）：61-100.

强化公务员的作为担当精神，重视主动型公务员体系建设。重点要强化激励机制建设，调动公务员主动积极投身到城市治理中，克服"不愿为"现象。改进和优化绩效管理制度，提高绩效管理的科学性和激励力度。要强化绩效运用，建立以绩效结果为导向的激励机制。构建城市治理有关的容错机制，创造良好的制度环境，鼓励公务员作为、担当，克服"不敢为"现象。完善公务员在职培训和轮训制度建设，提高公务员的城市治理能力，克服"不能为"现象。比如，在向街道办（乡镇）基层赋权的同时，要加强基层工作人员能力培训，提高承接能力。

4. 治理资源上，加强平台建设，以信息化促进制度化

整体性治理的实现有赖于一种恰当的组织载体，尤其有赖于信息技术的发展。[①] 互联网时代，信息化是优化城市治理、促进城市制度化法治化的重要手段。2017 年 3 月，习近平同志在参加上海代表团审议时，指出"要强化智能化管理，提高城市管理标准，更多运用互联网、大数据等信息技术手段，提高城市科学化、精细化、智能化管理水平"。[②]在实现城市整体性治理中，重点要推进市区两级综合化信息平台建设，整合条块割裂化、碎片化的信息资源，构建具有整体性、系统性和协同性的城市治理指挥中心、协调中心，为整体性治理制度化服务。

5. 治理主体上，推进多元参与的协同合作机制制度化

近年来，超大城市基层党委与政府在促进社会多元参与实现共治中进行了许多有益的探索。比如，朝阳区建立了党政群共商共治机制，调动了多元利益主体参与到城市社会治理中。在机制建设基础上，要进一步推进整体性治理机制的制度化，实现治理机制与我国各项制度的对接和衔接。同时，在城市基层协商民主制度、居民自治制度、公众参与制度等政治社会制度建设中，要注意吸收整体性治理机制建设的有效成果，从制度上促进多元协同合作。此外，治理责任归属与混乱是整体性

---

① 竺乾威. 从新公共管理到整体性治理 [J]. 中国行政管理，2008（10）：52－58.
② 中共中央文献研究室. 习近平关于社会主义社会建设论述摘编 [M]. 北京：中央文献出版社，2017：136.

治理自身可能产生的缺陷之一。① 要建立明确的责任机制，厘清整体性治理中各类主体的责任，实现责任机制的制度化。

本 章 小 结

对于超大规模国家而言，随着城镇化城市化的深入发展，超大规模城市应运而生，超大规模城市治理现代化引领着国家治理现代化的总体进程。

超大城市治理是一个复杂的巨系统。相对于复杂巨系统的高度耦合性和关联性而言，我国超大城市治理表现出一定程度的割裂化、碎片化现象，主要表现为：功能性割裂化、碎片化；层级性割裂化、碎片化；空间性割裂化、碎片化；主体性割裂化、碎片化；信息割裂化、碎片化等。运用整体性治理的理论与框架，本章分析了北京市及朝阳区"街乡吹哨、部门报到"中的整体性治理机制与效应。围绕制度化的整体性治理理论发展前景与实践发展趋势，从系统论的视角，提出了整体性治理制度化、超大城市整体性治理制度化的主要路径。

---

① 史云贵，周荃. 整体性治理：梳理、反思与趋势 [J]. 天津行政学院学报，2014 (5)：3 - 8.

第十章
治理规模指数与跨国时空比较：以全球190多个经济体为例

规模是国家治理比较、政府与政治比较的一个重要视角。国家和地区之间治理体系的差异，既与国家和地区历史传统、文化传承、现实选择等内部因素紧密相关，又受到国家和地区人口规模、国土面积规模、经济规模等外在规模因素的影响和制约。超大规模是我国国家治理和推进国家治理现代化面临的重要客观条件。从跨国比较的视角，科学认识和把握我国国家治理的规模特征，有利于进一步坚定中国特色社会主义制度自信，推进国家治理体系和治理能力现代化。

一、治理规模如何进行科学比较

国家和地区之间的治理比较是治理研究的重要内容之一。在2013年党的十八届三中全会首次明确"全面深化改革的总目标是完善和发展中国特色社会主义制度、推进国家治理体系和治理能力现代化"前后，国内外理论界对治理进行了跨国的比较研究，主要从以下几个方面展开研究。第一，治理理念和理论的比较研究。从学术理论视角看，现代治理概念兴起于西方理论界，与中国传统语境、治国理政语境下的治理存在许多概念和理论区别。国内理论界对治理概念、理念较早进行了中西比较。楼苏萍比较了世界银行针对发展中国家提出了善治、欧洲大陆国家普遍采用的"社会—政治"治理、以美国为代表的解制型治理。① 吴

---

① 楼苏萍. 治理理论分析路径的差异与比较 [J]. 中国行政管理，2005（4）：82–85.

家庆等比较了中国与西方治理理论的概念差异。① 赵晨比较了中美欧全球治理观。② 王丛虎等比较了中国治理的话语体系与"多中心治理"理论。③ 第二，治理体系、治理方式及其变迁的比较研究。戴昌桥比较了中美地方政府治理结构。④ 马得勇等对69个国家社会资本、民主发展与政府治理关系进行了比较研究。⑤ 时和兴比较了发达国家、发展型国家、转型国家治理变迁的困境。⑥ 徐湘林比较了中外国家治理面临的转型危机，认为中国当前转型危机与西方社会历史上发生过的转型危机大致相似。⑦ 第三，治理效能的比较研究。一方面，国家治理效能的综合比较研究。世界银行从话语权和责任、政治稳定性和不存在暴力、政府效率、规管质量、法治和腐败控制等6个方面，构建了全球治理指数，⑧进行跨国家治理比较。全球治理指数（WGI）是治理质量测量中影响较大的综合性指标。⑨ 高奇琦等从基础性指标、价值性指标和持续性指标3个一级指标的角度，构建了国家治理的指数化评估新指标体系。⑩ 另一方面，特定领域治理效能的比较研究。董秀海等运用DEA方法进行了环境治理效率的国际比较。⑪ 刘培林比较了全球气候治理政策工具及

---

① 吴家庆，王毅. 中国与西方治理理论之比较 [J]. 湖南师范大学社会科学学报，2007（2）：58 – 65.

② 赵晨. 中美欧全球治理观比较研究初探 [J]. 国际政治研究，2012（3）：86 – 103.

③ 王丛虎，王晓鹏. "社会综合治理"：中国治理的话语体系与经验理论——兼与"多中心治理"理论比较 [J]. 南京社会科学，2018（6）：60 – 66.

④ 戴昌桥. 中美地方政府治理结构比较 [J]. 中国行政管理，2011（7）：94 – 97.

⑤ 马得勇，王正绪. 社会资本、民主发展与政府治理——对69个国家的比较研究 [J]. 开放时代，2009（5）：70 – 83.

⑥ 时和兴. 国家治理变迁的困境及其反思：一种比较观点 [J]. 当代世界与社会主义，2014（1）：24 – 29.

⑦ 徐湘林. 中国的转型危机与国家治理：历史比较的视角 [J]. 复旦政治学评论，2011（00）：42 – 69.

⑧ 李玉华，杜晓燕. 全面剖析新加坡、中国公共治理现状：基于1996—2007年全球治理指数 [J]. 华东经济管理，2009，23（12）：30 – 35.

⑨ 臧雷振. 治理定量研究：理论演进及反思——以世界治理指数（WGI）为例 [J]. 国外社会科学，2012（4）：11 – 16.

⑩ 高奇琦，游腾飞. 国家治理的指数化评估及其新指标体系的构建 [J]. 探索，2016（6）：149 – 156.

⑪ 董秀海，胡颖廉，李万新. 中国环境治理效率的国际比较和历史分析——基于DEA模型的研究 [J]. 科学学研究，2008，26（6）：1221 – 1230.

其有效性。①

综合上述国内外研究，治理比较研究已取得许多丰富的研究成果。现有成果的一个重要局限和不足是，缺乏对治理对象的比较分析，尤其是缺少对治理规模的跨国比较。从理论上看，治理是包含治理主体（治理体系）、治理理念、治理规则（制度）、治理组织、治理对象（治理规模）、治理效能等多种元素的集合体。在这些治理元素中，治理对象形成的治理规模是最具可比性的指标。由于政治体制、文化传统的差异，各国国家治理在治理体系、治理组织、治理规则（制度）、治理理念等方面都有明显差异，这些领域的跨国比较可比性相对较低。在治理对象基础之上的治理规模反而是国家治理比较的基础性比较元素，也是容易进行科学比较的维度。

近年来，治理规模问题逐步受到理论界的关注，但缺乏科学的治理规模评价标准。事实上，政治学、经济学、管理学等学科理论都把规模作为影响治理的一个重要宏观因素加以分析和考察。在国家治理现代化理论研究中，理论界更加注重治理规模问题。周雪光认为，在比较研究中，学者大多忽略了一个重要的维度，即国家治理的规模，中国的国土规模和人口数量是国家治理所面临的重要约束条件。② 欧树军、王绍光认为，政治实体的规模值得注意，因为它与治理的方式、治理的难易密切相关。③ 周光辉等从对口支援④、巡视巡察⑤、文书行政⑥、国家调查队⑦

① 刘培林. 全球气候治理政策工具的比较分析——基于国别间关系的考察角度 [J]. 世界经济与政治, 2011（5）: 127 - 142.
② 周雪光. 国家治理规模及其负荷成本的思考 [J]. 吉林大学社会科学学报, 2013, 53（1）: 5 - 8.
③ 欧树军, 王绍光. 小邦大治: 新加坡的国家基本制度建设 [M]. 北京: 社会科学文献出版社, 2017.
④ 周光辉, 王宏伟. 对口支援: 破解规模治理负荷的有效制度安排 [J]. 学术界, 2020（10）: 14 - 32.
⑤ 周光辉, 陈玲玲. 巡视巡察: 应对规模治理"失察难题"的长效机制 [J]. 行政论坛, 2022（1）: 5 - 16.
⑥ 周光辉, 隋丹宁. 从文书行政到文件政治: 破解我国规模治理难题的内生机制 [J]. 江海学刊, 2021（4）: 247 - 253.
⑦ 周光辉, 王茜, 王匡夫. 国家调查队: 应对规模治理"信息难题"的体制设计 [J]. 社会科学研究, 2022（1）: 25 - 37.

等多方面，研究了我国破解规模治理难题的路径与机制。综合这些现有治理规模的研究，多数是规模对治理效果的影响定性分析，缺少对治理规模的科学比较。一个国家、地区的治理规模究竟是大还是小？现代社会，国家治理规模已经远远超越了传统国家治理的人口规模、国土规模，还包含经济规模。有的国家在国土面积规模上小，却在人口规模、经济规模上较大。新加坡国土面积小，但世界上现有200多个主权政治实体，其中一半以上人口还没有新加坡多。①如何进行科学的比较？衡量现代国家治理规模需要科学、系统的评价标准。

二、治理规模的基本构成与治理规模指数（GSI）的构建

治理规模是指国家和地区治理中治理对象的大小和范围。不同于公司治理，国家治理、地区治理的治理对象纷繁复杂，有多个角度、多个层次可以衡量治理规模。本章尝试将治理对象缩放到最基本的对象单元（人口、物理空间、经济）界定治理规模。

（一）治理规模指数的基本构成

第一，人口规模。人口规模是国家和地区治理的人力资源供给的基础，也是国家和地区公共服务需求规模的决定性因素。一个国家和地区人口规模越大，治理的人力资源供给基础就越充足，其公共服务需求规模也就越大。第二，国土规模。国土规模是国家和地区治理的国土资源空间资源的供给基础，也是国家和地区管辖空间规模的决定性因素。一个国家和地区国土规模越大，治理的国土资源和空间基础就越充足，国家和地区管辖的空间规模也就越大。第三，经济规模。经济规模为国家和地区治理提供物质和经济基础，也是影响国家和地区政府治理范围和内容的决定性因素。一个国家和地区经济规模越大，治理的物质和经济基础就越充足，国家和地区政府治理的内容和范围也就越大。人口、国土面积、经济三个基本构成在不同的历史时

---

① 欧树军，王绍光. 小邦大治：新加坡的国家基本制度建设 [M]. 北京：社会科学文献出版社，2017：30.

期，在治理规模中拥有不同的地位。在古代国家治理中，人口、国土面积占据更大的权重；在现代国家治理中，经济规模在治理规模中的影响和作用日趋增长。

（二）治理规模指数测算方法

治理规模指数（governance size index，GSI）是综合运用人口规模、国土面积规模、经济规模等指标，对国家和地区治理规模的综合性测量指标。不同于治理的一般指标，治理规模是一个相对的指标，治理规模指数也具有相对性。为此，治理规模指数的测算方法主要采取在既定的治理体系总量规模基础上，测量治理子系统治理规模的相对比例。在全球治理规模总量下，国别和地区治理相对规模为：国别和地区人口占全球总人口比例×权重系数、国土面积占全球比例×权重系数、经济规模占全球经济总规模的比例×权重系数三者的平均值。为便于比较，将国别和地区治理相对比例规模放大 10 000 倍，得出治理规模指数 [运算方法见公式（10 − 1）]。

$$\text{国别和地区治理规模指数} = \frac{\text{人口规模比例} \times \alpha + \text{国土面积规模比例} \times \beta + \text{经济规模比例} \times \gamma}{3} \times 10\,000^{①}$$

$$(10 − 1)$$

同理，在国家治理规模总量下，省域治理规模指数、地市治理规模指数、县域治理规模指数、乡镇治理规模指数也可以由此得出，运算方法见公式（10 − 2）至公式（10 − 5）。由于不同层级治理拥有不同的治理事权，人口规模、区划面积规模、经济规模在不同层级中占据不同的权重。权重系数的确定可以采用专家评价等科学的方法确定。

$$\text{省域治理规模指数} = \frac{\text{人口规模比例} \times \alpha + \text{省域区划面积规模比例} \times \beta + \text{经济规模比例} \times \gamma}{3} \times 10\,000$$

$$(10 − 2)$$

---

① 权重系数 $\alpha + \beta + \gamma = 3$，下同。

$$地市治理\atop规模指数 = \frac{\dfrac{人口规模}{比例} \times \alpha + \dfrac{地市区划面积}{规模比例} \times \beta + \dfrac{经济规模}{比例} \times \gamma}{3} \times 10\,000$$

$$(10-3)$$

$$县域治理\atop规模指数 = \frac{\dfrac{人口规模}{比例} \times \alpha + \dfrac{县域区划面积}{规模比例} \times \beta + \dfrac{经济规模}{比例} \times \gamma}{3} \times 10\,000$$

$$(10-4)$$

$$乡镇治理\atop规模指数 = \frac{\dfrac{人口规模}{比例} \times \alpha + \dfrac{乡镇区划面积}{规模比例} \times \beta + \dfrac{经济规模}{比例} \times \gamma}{3} \times 10\,000$$

$$(10-5)$$

三、国家治理规模的时空比较分析：以190多个国家或地区为例

基于世界银行提供的190多个国家或地区GDP、人口、国土面积数据，本章把全球治理中各经济体GDP规模、人口规模和国土面积规模赋以同等权重，生成国家治理规模指数测算公式，对2019年各经济体治理规模进行了静态测算，对1994～2019年各经济体治理规模变化进行了动态测算。

（一）治理规模的静态国际比较

各经济体的治理规模指数差异巨大。在全球各经济体组成的治理规模总体指数中，最小的经济体治理规模为0.01；最大的经济体治理规模为1 420.91，两者相差10万倍。治理规模决定了国家或地区治理的复杂度、治理负荷，巨大的治理规模差异表明，国家或地区治理的复杂性、治理负荷千差万别，不能做简单的类比分析和照搬照抄。在各经济体中，治理规模超过世界治理总规模十分之一的国家（即GSI指数超过1 000）有两个：中国、美国。中国是世界上治理规模最大的国家（见表10-1）。治理规模在世界治理总规模百分之一以上、十分之一以内的国家或地区（即GSI指数100～1 000）有15个，依次为：印度、俄罗斯、巴西、加拿大、澳大利亚、日本、印度尼西亚、德国、墨西哥、

表 10 - 1　　　　　　2019 年治理规模排名前 30 的国家或地区

治理规模排名	国家或地区	GDP规模指数	人口规模指数	国土面积规模指数	治理规模指数（GSI）
1	中国	1 655.80	1 865.77	741.16	1 420.91
2	美国	2 485.25	438.28	759.03	1 227.52
3	印度	332.84	1 823.99	253.79	803.54
4	俄罗斯	195.67	192.76	1 320.05	569.49
5	巴西	217.74	281.72	657.45	385.64
6	加拿大	201.94	50.18	762.76	338.29
7	澳大利亚	161.94	33.86	597.65	264.48
8	日本	587.29	168.55	29.18	261.67
9	印度尼西亚	129.76	361.25	147.99	213.00
10	德国	447.71	110.92	27.61	195.41
11	墨西哥	147.13	170.30	151.66	156.36
12	法国	314.87	89.77	42.39	149.01
13	英国	328.24	89.22	18.81	145.42
14	尼日利亚	51.96	268.26	71.32	130.51
15	巴基斯坦	32.26	289.09	61.46	127.60
16	意大利	232.48	79.73	23.32	111.84
17	沙特阿拉伯	91.95	45.74	165.96	101.22
18	刚果（金）	5.84	115.85	181.03	100.91
19	伊朗	29.94	110.68	134.73	91.79
20	韩国	190.94	69.02	7.75	89.24
21	孟加拉国	35.08	217.65	11.39	88.04
22	西班牙	161.58	62.92	39.06	87.85
23	阿尔及利亚	19.85	57.47	183.88	87.07
24	土耳其	88.29	111.37	60.63	86.76
25	哈萨克斯坦	21.06	24.71	210.37	85.38
26	埃塞俄比亚	11.12	149.61	87.72	82.82
27	埃及	35.14	134.01	77.32	82.15
28	南非	40.75	78.17	94.12	71.01
29	菲律宾	43.69	144.32	23.16	70.39
30	苏丹	3.74	57.15	143.14	68.01

数据来源：世界银行数据库，由 EPS 数据平台获取。

法国、英国、尼日利亚、巴基斯坦、意大利、沙特阿拉伯、刚果（金）、伊朗。治理规模在世界治理总规模千分之一以上、百分之一以内（即 GSI 指数 10～100）的国家或地区有 84 个。治理规模在世界治理规模万分之一以上、千分之一以内（即 GSI 指数 1－10）的国家或地区有 58 个。在世界治理规模万分之一以下（即 GSI 指数小于 1）的国家或地区有 36 个。

（二）治理规模的动态国际比较

在治理规模的基本构成中，国土面积规模是常量，人口规模、经济规模是常量，这决定了治理规模具有常量与变量的复合特性。从变量特性看，国家和地区的治理规模并非一成不变，而是随着经济社会的发展发生着动态的变化。从治理规模指数看，1994～2019 年，各经济体治理规模的动态变化呈现明显的差异性。发展中国家随着经济社会的发展，在人口规模、经济规模的增长驱动下，治理规模呈现增长态势。从 1994 年到 2019 年，118 个经济体的治理规模出现正增长，GSI 增长前 10 的国家多数是发展中国家。中国、印度等新兴经济体大国治理规模增长最多。一些发达国家由于人口规模和经济规模的缩小，治理规模也呈现下降态势。从 1994 年到 2019 年，67 个经济体的治理规模出现负增长，GSI 下降前 10 的国家多数是发达国家（见表 10－2）。1994～2019 年，也有一些国家的治理规模基本保持稳定（治理规模变化在－0.2～0.2 之间的经济体有 45 个）。

表 10－2　　　　1994～2019 年治理规模指数增长或下降前 10 位的国家或地区

1994～2019 年 GSI 增长前 10 位的国家或地区			1994～2019 年 GSI 下降前 10 位的国家或地区	
1	中国	381.28	日本	－421
2	印度	105.62	德国	－131.7
3	尼日利亚	38.64	法国	－70.91
4	巴基斯坦	27.69	美国	－68.92
5	印度尼西亚	24.65	意大利	－64.24
6	埃塞俄比亚	20.03	英国	－34.97

	1994~2019 年 GSI 增长前 10 位的国家或地区		1994~2019 年 GSI 下降前 10 位的国家或地区	
7	沙特阿拉伯	18.32	阿根廷	−14.93
8	土耳其	15.66	西班牙	−13.83
9	刚果（金）	15.44	墨西哥	−13.15
10	澳大利亚	15.20	荷兰	−12.77

四、治理规模变化与规模缩放效应

复杂科学理论认为，规模缩放（scaling）是任何系统应对规模变化所作出的超线性响应。[①] 国家和地区治理体系也是一个有机系统，存在规模缩放效应。在国家和地区治理中，治理规模缩放是指治理规模的增加，与治理其他因素叠加后，对治理形成的超线性积极作用（经济学中的"规模收益递增现象"）或消极作用（见表 10 - 3）。

表 10 - 3　　　　　治理规模缩放效应的基本类型

正向缩放效应	治理规模变化 + 治理的经济性因素	治理规模变化 + 治理的效能性因素
	规模经济效应	规模收益递增效应
负向缩放效应	规模混沌效应	治理风险积累与放大效应
	治理规模变化 + 治理的复杂性因素	治理规模变化 + 治理的风险性因素

（一）治理规模变化的正向缩放效应

治理规模变化与治理的经济性因素叠加，形成正向规模缩放效应，即治理的规模经济效应。成本既是比较和考察经济活动的重要标准，也是比较和考察治理活动的重要标准。经济学理论认为，企业生产和经济活动存在规模经济现象，即随着规模的增加，企业生产活动的单位生产成本逐步下降。在国家和地区治理活动中，随着治理规模的增加，治理

---

① ［英］杰弗里·韦斯特. 规模——复杂世界的简单法则 ［M］. 张培，译. 北京：中信出版社，2018：33.

的单位生产成本也存在下降的现象，即治理存在规模效应。比如，对于作为国防和外交的全国性公共产品，治理规模增加 1 个单位，所产生的单位治理成本（边际成本）几乎为零。在未达到临界点①前，治理规模的增长与治理的经济性因素叠加后，对治理的成本影响具有非线性的规模缩放效应。对于大规模、超大规模经济体，治理规模经济效应更加显著。

治理规模变化与治理的效能性叠加，形成正向规模缩放效应，即治理的规模收益递增效应。效益是比较考察经济活动的重要标准。经济学理论认为，在经济活动中存在规模收益递增现象，即经济产出的总收益增加倍数大于要素投入规模增加的倍数。在治理活动中，也存在规模收益递增现象，即治理效能的产出增加倍数大于要素投入的规模增加。对于治理活动而言，人口、GDP、国土面积既是治理规模的基本要素，也是治理要素投入的基本资源。在现代化的治理体系内，治理规模增加带来的治理要素投入增加，会产生更多的非线性治理效能。对于大规模、超大规模经济体，治理效能的规模收益更加显著。

（二）治理规模变化的负向缩放效应

治理规模变化与治理的复杂性因素叠加，形成负向规模缩放效应，即治理的混沌效应。系统科学认为，复杂系统对初始条件和初值的变化具有敏感性，小的初始扰动会产生大的系统反应，即混沌效应。混沌效应起源于 20 世纪初数学界的发现，现已应用于气象学研究。② 作为复杂系统，治理体系也存在混沌效应现象，治理规模越大，治理混沌效应发生的可能性就越大。在任何社会之中，复杂性主要取决于三个条件：要素的数量、要素的异质性和要素的连接。③ 治理规模变化从要素数量和异质性上提高了治理的复杂性。

---

① 经济学认为，超过一定的临界点，规模经济将走向规模不经济。
② 丁一汇.从混沌效应到预测未来 [J].知识就是力量，2020 (3)：3.
③ 泮伟江.法学的社会学启蒙 [M].北京：商务印书馆，2019：250.

治理规模变化与治理的风险性叠加，形成负向规模缩放效应，即治理风险放大积累效应。现代社会是一个风险社会。人口规模、GDP规模、国土面积规模是构成治理规模的基本要素，也是生成自然灾害风险、经济社会风险等各类风险的基础条件。随着治理规模的扩大，治理体系承受的风险性也将随之增大。对于大规模、超大规模国家，灾害和突发事件种类多，积累的治理风险总量相对较大。随着治理规模的增加，治理风险总量也将出现增长态势。比如，随着经济社会的发展，人口规模和经济规模增长，经济社会风险矛盾也会相应增加。

五、以规模适应型治理，应对规模缩放：对治理改革与创新的启示

政治系统理论认为，政治系统对内外部环境输入产生反应，进而产生决策和行动上的输出。人口规模、国土面积规模、经济规模构成的治理规模是国家和地区政治系统、治理体系的宏观环境输入，治理规模及其变化必然会促进政治系统、治理体系产生改革与创新行为输出。治理规模的比较分析，为全面理解各经济体实施改革与创新提供了新的理论视角。从宏观的环境视角看，各经济体治理规模差异和变化是引致治理改革创新的一个重要宏观因素。治理规模内部差异越大、治理规模的变化越大，从宏观环境角度形成的治理改革与创新驱动力也就越大。治理改革与创新一定程度上是对规模差异和变化做出的反应，本质是实现治理能力与治理规模的有效匹配。系统科学理论研究表明，治理规模变化对治理产生正向或负向的缩放效应。实施规模适应型治理，发挥规模缩放效应的正向作用，克服规模缩放效应的负向影响，是各经济体治理改革与创新的基本策略选择（见表10-4）。

表 10 - 4　　　　GDP 规模、人口规模、国土规模的比较与
改革创新策略分类

类别	GDP 规模领先	人口规模领先	国土规模领先
GDP 规模	—	（优势：人力资源，挑战：人均收入低）治理改革创新的重点：经济治理	治理改革创新策略——经济治理能力（地理空间优势，区域开发强度低）
人口规模	治理改革创新策略——人口与社会治理能力（经济发达优势，人力成本高）	—	治理改革创新策略——人口与社会治理能力（地理空间优势，人力资源不足）
国土规模	治理改革创新策略——空间治理能力（经济发达优势，地理空间资源不足）	治理改革创新策略——空间治理能力（人力资源优势，人口密度大）	—

（一）规模内部差异驱动创新

在人口规模、国土空间规模、GDP 规模中，一些经济体拥有的 GDP 规模相对领先。在国家和地区治理中，这些国家具有经济发达的治理优势，但也面临人口规模相对较小而导致的人力资源不足、国土空间规模相对较小而导致的地理空间资源不足等挑战。2019 年全球各经济体中，GDP 规模比例与人口规模比例差距最大、GDP 规模比例与国土规模比例差距最大的经济体是美国，差距分别达 20%、17%。对于 GDP 规模领先型经济体，治理改革与创新首先要重点提高人口和社会治理能力。制定和实施积极的人口和社会政策，吸纳更多的人力资源参与经济社会活动，强化人力资源供给。在人口和社会治理中，积极运用大数据、人工智能等现代技术手段，通过数字赋能，提高数字化、智能化治理能力。再次，对于 GDP 规模领先国土空间规模较多的经济体，要强化空间治理能力，优化国土规划和布局，促进地区开发强度的均衡化。

在人口规模、国土空间规模、GDP 规模中，一些经济体拥有的人口规模相对领先。在国家和地区治理中，这些国家具有人力资源充足的治

理优势，但也面临 GDP 规模相对较小而导致的人均收入不高、国土空间规模相对较小而导致的人口密度高等挑战。对于人口规模领先型国家，治理改革与创新首先要重点提高经济治理能力，持续做大经济规模。2019 年全球各经济体中，人口规模比例与 GDP 规模比例差距最大、人口规模比例与国土面积规模差距最大的经济体是印度，差距达 15%。虽然经过改革开放四十多年的快速发展，我国 GDP 规模比例有了大幅提升；但相对人口规模，我国仍然属于人口规模领先型国家。发挥人口规模领先形成的市场规模优势，激发微观市场主体的活力，创造更多的就业机会和收入机会。重点加强教育和职业技能培训，推进人力资源的持续开发，进一步把人口规模优势转化为人力资源优势。对于人口规模领先国土空间规模较多的经济体，要增强国土空间治理能力，优化国土空间规划和布局，强化交通治理，结构性地释放更有效的空间资源。提高城市治理能力，获取城市发展所产生的规模效应。研究表明，城市规模对于促进城市发展具有显著的规模效应，城市产出与人口的 1.15 次方成正比。[①] 人口领先型经济体，可以立足城市发展的人口规模效应，增强城市的经济产出。

　　在人口规模、国土空间规模、GDP 规模中，一些经济体拥有的国土空间规模比例相对领先。在国家和地区治理中，这些国家具有地理空间资源的治理优势，但也面临 GDP 规模相对较小而导致的区域开发强度不足、人口规模相对较小而导致的人力资源不足等挑战。2019 年全球各经济体中，国土规模比例与 GDP 规模比例差距最大、国土规模比例与人口规模比例差距最大的经济体是俄罗斯，差距达 11%。对于空间规模领先型经济体，治理改革与创新首先要重点提高经济治理能力。发展与地理资源、空间资源紧密相关的产业，提高区域开发强度，进而获取经济发展的规模经济优势。要提高人口与社会治理能力。制定和实施积极的人口和社会政策，强化教育与职业技能培训，推进有限的人力资源开发。

---

① Bettencourt L M, Lobo J, Helbing D et al. Growth, innovation, scaling, and the pace of life in cities [J]. Proceedings of the National Academy of Sciences of the United States of America, 2007, 104（17）: 7301 – 7306.

（二）治理规模变化驱动创新

各经济体的治理规模随着经济社会发展呈现出不同的动态变化。首先，对于治理规模增长和扩张的经济体，要强化治理改革创新，提升治理能力，应对治理规模增长带来的治理任务增长。对于这些经济体，如果不进行治理改革与创新，治理体系势必面临日益增长的规模压力和任务压力，势必难以有效回应社会的公共服务需求和社会治理需求。只有推进治理改革与创新，优化治理体系、提高治理能力，才能应对日益增长的经济社会治理规模。作为经济社会规模动态增长最显著的国家，我国自2013年以来提出推进国家治理体系和治理能力现代化，顺应了我国治理规模动态增长的需要。对于经济社会规模动态增长的经济体，也应立足国情，深化国内治理改革与创新，强化治理和服务的资源供给，提高国家和地区治理能力。其次，治理规模扩张的经济体要科学防控政府规模的过度膨胀。治理规模扩张，构成了政府机构和人员增长的现实基础。为适应治理规模的扩张，有必要增加必要机构和人员；但也要防止机构人员因为惯性作用陷入恶性膨胀之中。最后，对于治理规模收缩的经济体，经济社会治理规模和任务逐年减少，应及时调整和优化公共服务供给，优化公共支出，强化低成本、高效率治理逻辑，降低公共治理成本。研究表明，美国公共服务外包并未降低政府公共开支规模。①随着治理任务的减少，进一步降低和优化公共服务外包，降低公共支出，成为发达经济体治理改革的一个重要任务。

（三）超大规模负荷驱动创新

治理改革与创新应立足国情，治理改革与创新必须关注治理的规模特性。从治理规模特性看，各经济体可以分为：超大治理规模经济体、较大治理规模经济体、中等治理规模经济体、较小治理规模经济体、超小规模经济体。相比而言，超大治理规模经济体面临更大的治理负荷和治

---

① 吕芳，程名．美国公共服务合同外包改革对政府规模的影响［J］．国外社会科学，2018（5）：84－92.

理压力，推进治理改革创新必然也面临更大的需求和更大的挑战。我国治理规模在世界上属于独一无二的超大规模结构，必须立足国情，坚持和完善中国特色社会主义制度体系，推进国家治理体系和治理能力现代化。

首先，要坚持党的全面领导，强化应对超大治理规模的制度优势。党的十九届六中全会通过的《中共中央关于党的百年奋斗重大成就和历史经验的决议》在总结我们党百年奋斗的历史经验时明确指出："治理好我们这个世界上最大的政党和人口最多的国家，必须坚持党的全面领导特别是党中央集中统一领导，坚持民主集中制，确保党始终总揽全局、协调各方。"经济学理论认为，经济发展具有规模效应，超大规模在发展中能够产生规模经济优势。在治理上，规模也同样具有规模优势。要坚持和完善党的全面领导制度，强化顶层治理能力建设，不断巩固和放大我国社会主义制度"集中力量办大事"的超大治理规模治理优势。其次，坚持根本制度、基本制度、重要制度，创新和发展具体领域的制度。不同于小规模国家治理现代化，超大规模国家治理现代化涉及对象众多、治理体系纷繁复杂，超大规模条件下治理改革创新措施往往是不可逆的。因此，超大治理规模客观上决定了治理体系既要有效能性，也要有稳定性，实现活力与秩序的统一。只有坚持守正创新的原则，处理好坚持和巩固、完善和发展的关系，才能稳定有序实现国家治理现代化。再次，赋予地方和基层改革创新空间，鼓励和支持地方和基层推进治理创新，提高超大规模条件下改革创新措施的成熟度。超大规模条件下，地方和基层具有较大的条件差异性、需求多样性，这就要求赋予地方和基层必要的改革创新自主权，防止"一刀切"。最后，超大规模国家全局性改革创新试错成本高，反而地方和基层具有丰富的改革样本、改革经验和较低的改革试错成本。应鼓励和支持地方和基层进行多样本的改革试验，为全局性治理改革创新提供更具成熟度的智慧和经验。

本 章 小 结

从治理规模指数（GSI）看，各经济体静态治理规模、动态治理规模都呈现巨大的差异和变化，应坚持规模适应型治理创新策略，因地制宜推进治理现代化。

　　治理规模是分析和比较国家或地区治理不可忽视的一个重要尺度。长期以来，治理的跨国比较研究侧重于治理体系、治理方式内在特性比较，外在的治理规模比较研究尚未形成科学的专门衡量标准，但已基于人口规模、国土规模、经济规模等基本要素，尝试性地提出和构建治理规模指数（GSI）。本章通过对 190 多个经济体治理规模的时空比较分析发现，各经济体静态治理规模、动态治理规模都呈现巨大的差异和变化。这些差异和变化理论上对治理的影响是：治理规模变化存在非线性的规模缩放效应。为此，在治理改革创新过程中，应坚持规模适应型治理创新策略，从规模差异驱动治理创新、规模变化驱动治理创新、超大规模负荷驱动创新三个基本路径出发，立足国情、分类施策、突出重点，有针对性地科学提升治理能力，有效适应治理规模的特性与变化，应对治理的规模缩放带来的影响。

第十一章
超大规模条件下中国治理
现代化的路径选择

中国治理现代化（即推进中国国家治理体系和治理能力现代化）具备鲜明的个性特征。从国际比较看，超大规模（超大治理规模）是中国治理现代化面对的客观硬性特征之一。与超大治理规模特征相对应，治理体系的组织机构规模、人员规模、财政规模、城市规模等，构成推进国家治理现代化的基础性结构。"大有大的好处"，超大规模对国家治理现代化的积极影响有：国家治理体系具备集中力量办大事的集中优势、生产与发展的规模经济优势、对抗经济社会风险的韧性优势等。"大有大的难处"，超大规模对国家治理现代化的主要挑战有：风险矛盾积累叠加的挑战、内部"上下左右"协调的挑战、治理异化的挑战等。展望未来，应在推进国家治理现代化的轨道上，坚持党的全面领导，发挥超大规模的治理优势，克服超大规模可能带来的挑战，更好地把制度优势转化为治理效能。

一、坚持和完善制度体系

超大规模决定了国家治理体系和制度体系首先必须具有稳定性。2019 年，党的十九届四中全会通过《中共中央关于坚持和完善中国特色社会主义制度、推进国家治理体系和治理能力现代化若干重大问题的决定》明确回答了"坚持和巩固什么、完善和发展什么"这个重大政治问题。在超大规模的条件下，要按照"坚持和巩固；完善和发展"的原则，坚持好、巩固好已经建立起来并经过实践检验的根本制度、基本制度、重要制度，推进国家治理现代化。

（一）坚定中国特色社会主义制度自信

制度竞争是国家间的根本竞争，也是大国间的根本竞争。在四个自信中，制度自信是关键，其他自信都需要制度保障。没有制度自信，道路走不远、理论无法转化为实践、文化发展无所依托。在认识和看待制度上，社会上仍然有些人存在制度不够自信的问题。作为超大规模国家，推进国家治理现代化，要坚定制度自信，构筑制度建设的坚强基石。习近平同志在党的十九届四中全会第二次全体会议上的讲话指出：中国特色社会主义制度好不好、优越不优越，中国人民最清楚，也最有发言权。我们在这个重大政治问题上一定要有定力、有主见，绝不能自失主张、自乱阵脚。全党同志特别是各级领导干部做政治上的明白人，很重要的一条就是任何时候任何情况下都要坚定中国特色社会主义道路自信、理论自信、制度自信、文化自信，真正做到"千磨万击还坚劲，任尔东西南北风"。①

坚定中国特色社会主义制度自信源于我国国家制度和治理体系的深厚历史底蕴。中国历史上关于国家制度和国家治理的丰富思想，为我国国家制度和国家治理体系发展提供了深厚的思想文化底蕴。自古以来，我国就有大一统的历史传统、以文化人的历史传统，现在许多制度源于古代制度和治理体系建设的历史实践。②

坚定中国特色社会主义制度自信源于中国特色社会主义制度具有多方面的优势。党的十九届四中全会明确了我国国家制度和国家治理体系具有十三个显著优势，包括：坚持党的集中统一领导，坚持党的科学理论，保持政治稳定，确保国家始终沿着社会主义方向前进的显著优势；坚持人民当家做主，发展人民民主，密切联系群众，紧紧依靠人民推动国家发展的显著优势；坚持全面依法治国，建设社会主义法治国家，切实保障社会公平正义和人民权利的显著优势；坚持全国一盘棋，调动各

---

① 习近平.坚持和完善中国特色社会主义制度　推进国家治理体系和治理能力现代化［J］.求是，2020（1）：4-13.
② 李国强.我国国家制度和国家治理体系的深厚历史底蕴［J］.理论导报，2020（1）：3.

方面积极性，集中力量办大事的显著优势；坚持各民族一律平等，铸牢中华民族共同体意识，实现共同团结奋斗、共同繁荣发展的显著优势；坚持公有制为主体、多种所有制经济共同发展和按劳分配为主体、多种分配方式并存，把社会主义制度和市场经济有机结合起来，不断解放和发展社会生产力的显著优势；坚持共同的理想信念、价值理念、道德观念，弘扬中华优秀传统文化、革命文化、社会主义先进文化，促进全体人民在思想上精神上紧紧团结在一起的显著优势；坚持以人民为中心的发展思想，不断保障和改善民生、增进人民福祉，走共同富裕道路的显著优势；坚持改革创新、与时俱进，善于自我完善、自我发展，使社会充满生机活力的显著优势；坚持德才兼备、选贤任能，聚天下英才而用之，培养造就更多更优秀人才的显著优势；坚持党指挥枪，确保人民军队绝对忠诚于党和人民，有力保障国家主权、安全、发展利益的显著优势；坚持"一国两制"，保持香港、澳门长期繁荣稳定，促进祖国和平统一的显著优势；坚持独立自主和对外开放相统一，积极参与全球治理，为构建人类命运共同体不断做出贡献的显著优势。

坚定中国特色社会主义制度自信源于中国丰富的实践基础。党领导人民创造了世所罕见的经济快速发展奇迹、社会长期稳定奇迹，中国大踏步赶上时代。新中国成立以来，我们党带领全国人民开展了史无前例的国家治理实践，为在不同形势和任务条件下改善国家治理，为推进国家治理现代化进行了长期艰苦探索和不断改革创新，取得了历史性的辉煌成就。中国特色社会主义制度和国家治理体系不是从天上掉下来的，而是在中国土壤中生根发芽，经过革命、建设、改革的长期实践形成的，是马克思主义基本原理同中国具体实际相结合的产物，是理论创新、实践创新、制度创新相统一的成果，凝聚了党和人民的智慧，具有深刻的历史逻辑、理论逻辑、实践逻辑。

（二）完善中国特色社会主义制度体系

作为超大规模国家，制度体系和治理体系建设并不是一蹴而就的，是一个长期发展完善的历史过程。新中国成立以来，中国国家治理现代化经历了以下三个大的历史阶段。

第一个历史阶段，从新中国成立到党的十一届三中全会前，国家治理体系和制度体系的创立。我们党确立了人民当家做主的国家制度，立足中国国情探索了社会主义建设道路，建立起社会主义基本制度，形成了国家治理体系的基本架构，为当代中国的发展进步奠定了根本政治前提和制度基础。新中国成立前 1949 年 3 月召开的党的七届二中全会，描绘了新民主主义国家的制度蓝图。1949 年 6 月，毛泽东主席发表《论人民民主专政》，确定了中华人民共和国的国体。

1949 年 9 月，中国人民政治协商会议举行第一届全体会议，会议通过《中国人民政治协商会议共同纲领》，确定中华人民共和国的政治制度是民主集中制的人民代表大会制度，也为多党合作与政治协商制度、民族区域自治制度奠定了政治基础。1954 年 9 月，第一届全国人民代表大会第一次会议胜利召开，制定了新中国第一部宪法，以根本法的形式正式确立人民代表大会制度，也以根本法的形式正式确认了民族区域自治制度。20 世纪 50 ~ 60 年代，我国逐步在少数民族聚居的地方推行了民族区域自治①。1956 年 9 月，党的八大基本确立了我国社会主义制度。

第二个历史阶段，从党的十一届三中全会到党的十八大前，国家治理体系和制度体系的革新。我们党在总结前期探索实践的经验教训基础上，高举改革开放旗帜，鲜明提出建设中国特色社会主义，积极推进各领域体制改革和制度创新，形成中国特色社会主义制度，不断提高国家治理水平，为改革开放和社会主义现代化建设提供了坚实的制度保障。党的十一届三中全会的召开，标志着中国特色社会主义制度踏上新起点。1992 年 10 月，党的十四大确定了社会主义市场经济为经济体制改革的目标②，以公有制为主体、多种所有制经济共同发展的所有制，按劳分配为主体、多种分配方式并存的分配制度逐步得到确立。在经济体

---

① 1955 年，新疆维吾尔自治区成立；1958 年，广西壮族自治区成立；1958 年，宁夏回族自治区成立；1965 年，西藏自治区成立（内蒙古自治区成立于 1947 年）。

② 2019 年，党的十九届四中全会把按劳分配为主体、多种分配方式并存的收入分配制度，与以公有制为主体多种所有制经济共同发展、社会主义市场经济体制作为我国三大基本经济制度。

制改革进程中，行政体制改革也逐步推进。从改革开放到党的十八大前，进行了 1982 年、1988 年、1993 年、1998 年、2003 年、2008 年等六轮机构改革，行政体制得到进一步优化。

第三个历史阶段，党的十八大至今，国家治理体系和治理能力现代化命题的提出与全面提升。党的十八大以来，党中央深刻洞察国际国内发展大势，精准把握两个大局，统筹推进"五位一体"总体布局，协调推进"四个全面"战略布局，以完善和发展中国特色社会主义制度、推进国家治理体系和治理能力现代化为总目标，全面深化改革，推动中国特色社会主义制度更加完善，国家治理体系和治理能力现代化水平达到历史性新高度。

1. 国家治理体系和治理能力现代化命题的提出

2013 年 11 月，党的十八届三中全会通过《中共中央关于全面深化改革若干重大问题的决定》，把"完善和发展中国特色社会主义制度、推进国家治理体系和治理能力现代化"作为全面深化改革的"总目标"。作为"四个现代化"之后的"第五个现代化"，国家治理体系和治理能力现代化重大命题首次提出。2014 年 10 月，党的十八届四中全会通过《中共中央关于全面推进依法治国若干重大问题的决定》，加快建设社会主义法治国家。

2. 国防和军队体系的改革与重塑

国防和军队体系现代化是国家治理体系和治理能力现代化的重要领域。2016 年 1 月，中央军委印发《关于深化国防和军队改革的意见》，按照"军委管总、战区主战、军种主建"的原则，以领导管理体制、联合作战指挥体制改革为重点，深化国防和军队改革。

3. 国家监察体制改革从试点到全面实施

2016 年 11 月，中共中央办公厅印发《关于在北京市、山西省、浙江省开展国家监察体制改革试点方案》，部署在三省市设立各级监察委员会。2017 年 11 月，第十二届全国人大常委会第三十次会议表决通过《全国人大常委会关于在全国各地推开国家监察体制改革试点工作的决定》。2018 年 3 月，第十三届全国人大一次会议表决通过了《中华人民共和国监察法》，确立了国家监察委员会是最高监察机关，国家权力配置从"一府两院"转向"一府一委两院"。

4. 系统性、整体性重构党和国家组织机构

2018 年 2 月，党的十九届三中全会审议通过《中共中央关于深化党和国家机构改革的决定》和《深化党和国家机构改革方案》，深化党和国家机构改革，重构性健全了党的领导体系、政府治理体系、武装力量体系、群团工作体系，系统性增强了党的领导力、政府执行力、武装力量战斗力、群团组织活力。2018 年 3 月，第十三届全国人民代表大会第一次会议通过《中华人民共和国宪法修正案》，在正文增写"中国共产党领导是中国特色社会主义最本质的特征"，进一步明确了党的领导地位和作用。

5. 全面推进国家治理体系和治理能力现代化

2019 年 10 月，党的十九届四中全会审议通过了《中共中央关于坚持和完善中国特色社会主义制度　推进国家治理体系和治理能力现代化若干重大问题的决定》（以下简称《决定》）。全会专门研究国家制度和治理问题，在党的历史上是第一次。《决定》总结了我国国家制度和国家治理体系十三个方面的显著优势，明确了推进国家治理体系和治理能力现代化"三步走"的总体目标，提出了十三个"坚持和完善"的实现路径。

面向未来，要按照党的十九届四中全会的安排和部署，针对十三个"坚持和完善"的重点任务与路径，与时俱进地完善与发展中国特色社会主义制度体系，包括：坚持和完善党的领导制度体系；坚持和完善人民当家做主制度体系；坚持和完善中国特色社会主义法治体系；坚持和完善中国特色社会主义行政体制；坚持和完善社会主义基本经济制度；坚持和完善繁荣发展社会主义先进文化的制度；坚持和完善统筹城乡的民生保障制度；坚持和完善共建共治共享的社会治理制度；坚持和完善生态文明制度体系；坚持和完善党对人民军队的绝对领导制度；坚持和完善"一国两制"制度体系；坚持和完善独立自主的和平外交政策；坚持和完善党和国家监督体系。

（三）守正创新，增强微观领域制度质量

党的十九届四中全会把中国特色社会主义制度体系分为三个层次。

根本制度、基本制度、重要制度。对于根本制度、基本制度，要毫不动摇地坚持和巩固；对于重要制度，尤其是重要制度范畴下的具体制度，要根据实际需要、与时俱进地完善和发展。在一些具体的制度领域，还存在制度质量不够高的问题。在形态上，制度表现为宪法法律、党内法规，行政法规、部门规章、地方法规和地方规章，政策、标准等。具体领域的制度质量不高问题主要表现在一些政策文件、行政法规层面。比如，在实践中，有的个别制度暴露出严重缺陷，存在政策冲突；有的制度文件中看不中用；某些方面还存在"制度陷阱"①（在一些领域，制度积累造成前后矛盾）。

推进制度体系的"立、改、废、释"。针对制度少、制度散问题，要加强制度创立，强化制度创制与供给；针对制度更新慢、制度不衔接与冲突问题，要制度协调与修改；针对制度旧、制度过时问题，要强化制度清理与废除；针对制度操作性不强、社会知晓度不高问题，要强化制度解释与发布。以党内法规体系建设为例，党的十八大以来，党内法规制度体系经历了以从无到有、从少到多，由点到面、由面到体的完善过程。截至 2021 年 7 月 1 日，全党现行有效党内法规共有 3 615 部。在"立"方面，出台 147 部中央党内法规；中央纪律检查委员会以及党中央工作机关出台 100 部党内法规；省、自治区、直辖市党委出台 2 184 部地方党内法规。在"改"方面，党的十八大以来，共审查地方和部门向党中央报备的党内法规和规范性文件 3.2 万余件、发现和处理问题文件 1 400 余件。在"废"方面，2012～2014 年、2018～2019 年两次进行党内法规和规范性文件集中清理，在中央层面决定废止、宣布失效和修改 865 件。

要鼓励基层积极探索，推进制度创新。习近平同志在党的十九届四中全会第二次全体会议上的讲话指出：制度更加成熟更加定型是一个动态过程，治理能力现代化也是一个动态过程，不可能一蹴而就，也不可

---

① 著名历史学家钱穆（1895～1990）在分析中国历史时提出"制度陷阱"概念，用来形容：中国政治制度演绎的传统是，一个制度出了毛病，再定一个制度来防止它，相沿日久，一天天地繁密化，有些却变成了病上加病。

能一劳永逸。我们提出的国家制度和国家治理体系建设的目标必须随着实践发展而与时俱进，既不能过于理想化、急于求成，也不能盲目自满、故步自封。^① 超大治理规模决定了国家制度体系的规模性和复杂性，这就要求制度体系在微观运行和操作过程中具有高质量特征，实现原则性与灵活性的统一。在推进国家治理现代化中，处理好顶层设计、分层对接与基层首创的关系，及时总结地方和基层实践中的好经验好做法。

二、推进机构职能体系建设

机构是任何组织的载体和基础。建党以来，中国共产党始终注重推进组织机构和职能体系建设，适时推进机构改革，不断优化党政组织结构和职能体系。党的机构职能体系建设历程表明，党政组织机构并非一成不变，而要随着组织目标和重大任务、外部环境的变化进行动态调整。百年来，党在推进机构职能体系建设中积累了的宝贵经验，重点表现为：坚持党的领导，是推进机构职能体系建设的根本保证；坚持人民至上，是推进机构职能体系建设的根本价值立场；坚持开拓创新，是推进机构职能体系建设和发展的不竭动力；坚持自我革命，是推进机构职能体系建设的信心和底气所在。

建党以来，中国共产党在长期的革命、建设实践中，始终注重推进机构与职能体系建设，有效实现了党政组织结构与革命建设任务相适应，为不断实现国家"站起来""富起来""强起来"构筑了坚强的组织基础。从机构职能体系建设角度看，建党百年的历史，既是党带领人民的奋斗史，也是推进机构职能体系建设的历史。百年来，经过新民主主义革命时期、社会主义革命和推进社会主义建设时期、改革开放和社会主义现代化建设时期、中国特色社会主义新时代等阶段的持续推进，党政机构职能体系逐步完善和成熟，党的建设和政权建设现代化水平逐步提升。党在推进机构职能体系建设中积累了的宝贵经验，形成了丰富

---

① 习近平. 坚持和完善中国特色社会主义制度　推进国家治理体系和治理能力现代化［J］. 求是，2020（1）：4－13.

的理论成果、制度成果、实践成果，为推进国家治理体系和治理能力现代化奠定了坚实基础。

（一）新中国成立前新民主主义革命时期，党的组织机构体系建立与局部地区政府机构建设的尝试

机构是任何组织的载体和基础，组织的运转离不开机构职能体系建设。自中国共产党 1921 年诞生起，就非常重视组织机构建设。党的一大成立了中国共产党第一届中央局作为首届中央领导机构，并设书记、宣传主任、组织主任各一名；后来，中央局在上海成立中国劳动组合书记部，作为党领导工人运动的第一个公开机构。1922 年，党的二大选举产生了中央执行委员会和中央执行委员会委员长及中央组织委员、中央宣传委员、中央妇女委员等。1923 年，党的三大通过了第一个关于党中央组织机构的法规性文件——《中国共产党执行委员会组织法》，在中央局之下设置组织、宣传、妇女、工农、秘书等部。1927 年，党的五大后，党的组织机构框架和体系基本确立，形成了自上而下、遍布全国的比较完备组织机构体系。五大后通过的《中国共产党第三次修正章程议决案》对党的组织机构做了更加具体的规定，包括党的组织系统分为五级；各级党部设立组织部、宣传部、妇女部；中央机构也得到了加强，中共中央机构包括秘书厅、组织部、宣传部、军事部、农民部、工人部、妇女部等。此后，经过土地革命战争、抗日战争、全国解放战争，党的组织机构和职能体系在革命实践中不断完善和发展。

这一时期，在党的领导下，局部地区开展了政权建设和政府机构建设的尝试，为新中国成立后全国性政权建设和政府机构职能体系建设积累了前期经验。党的一大纲领提出，要建立苏维埃政权；党的二大《大会宣言》明确了中国共产党的目标是建立劳农专政的政治，即苏维埃的政权。1931 年，在革命根据地得到巩固和发展的形势下，中共中央决定以赣南闽西根据地为依托，建立苏维埃中央政府，开启政权建设的尝试和实践。1931 年 11 月，中华工农兵苏维埃第一次全国代表大会在江西瑞金召开，会议宣布成立中华苏维埃共和国临时中央政府，成为党在中央苏区建立的政权机关。临时中央政府设立了外交部、劳动部、土地部、军事

部、财政部、国民经济部、粮食教育部、内务部、司法部等政府机构。在地方行政机构设置上，中华苏维埃政府行政层级为"省—县—区—乡"四级。苏维埃政府政权建设，为新中国政权建设积累了初步经验。1937年全面抗战爆发后，中国共产党将中华苏维埃人民共和国临时中央政府西北办事处改组为陕甘宁边区政府，边区政权体制开始采取乡、区、县、边区四级制，后改为乡、县、边区三级制。边区政府公布的《组织条例》规定，边区政府内设秘书处、民政厅、财政厅、教育厅、建设厅、保安处、审计处等机构。1948年，在原晋察冀边区政府和邯郸晋冀鲁豫边区政府的基础上建立了华北人民政府（设立秘书厅、民政部、教育部、财政部、工商部、农业部、司法部、劳动局、财经委员会、水利委员会、法院、监察院和银行等政府工作机构）。1949年10月，中央人民政府主席毛泽东发出给华北人民政府主席董必武的命令指出："中央人民政府业已成立，华北人民政府工作着即结束。原华北人民政府所辖五省二市改归中央直属。中央人民政府的许多机构，应以华北人民政府所辖有关机构为基础迅速建立起来。"[①] 这些政权建设的尝试，为新中国国家政权建设做了前期准备。

（二）新中国成立后到改革开放前的社会主义革命和推进社会主义建设时期，党政组织机构的精简与调整

1949年，新中国成立之初，党领导人民组建中央和地方政权机构，恢复国民经济、实施社会主义改造。1949年，中国人民政治协商会议第一届全体会议代行全国人民代表大会职权，选举产生了中央人民政府委员会。会议通过的《中华人民共和国中央人民政府组织法》规定，中央人民政府设主席一人，副主席六人，委员五十六人；政务院对中央人民政府委员会负责，并报告工作，新中国的政府机构框架初步建立。在中央人民政府下，设人民革命军事委员会、最高人民法院、最高人民检察署和政务院，其中政务院下设35个委、部、署、院。

---

① 中共中央文献研究室. 毛泽东年谱（1949—1976）第一卷［M］. 北京：中央文献出版社，2013：31.

1954 年，第一届全国人大召开，通过了 1954 年宪法，国务院正式成立，下设 35 个部委机构，这标志着政府机构设置进入正轨。在层级结构上，1954 年撤销各大区中央局和行政委员会，加强了中央对省市的直接领导。1954 年后，随着各级机关的相继建立，政府机构开始增设，到 1956 年，国务院机构总数达 81 个。为此，1956～1959 年，进行了较大规模的体制改革和机构改革。1960～1964 年，为贯彻国民经济调整方针，政府进行了较大规模的机构改革，先后进行了两次比较集中的干部精简。

（三）改革开放和社会主义现代化建设时期，党政机构在社会主义市场经济建设中逐步改革与调整

1978 年，党的十一届三中全会决定将全党的工作重点和全国人民的注意力转移到社会主义现代化建设上，提出了改革开放的任务。伴随着经济建设和改革开放的推进，党政机构改革成为改革开放实践的重要内容之一。从改革开放到党的十八大前，共计进行了 6 次较为集中的机构改革，其中，包含 4 次与国务院机构改革同时进行的党中央部门机构改革（1982 年、1988 年、1993 年、1999 年）。

1982 年，改革开放后的第一次机构改革启动。这次改革对政府部门和机构进行了撤并，国务院各部委、直属机构和办事机构由 100 个减少为 61 个，国务院所属部委由 52 个裁并为 42 个。党的十三大提出"社会主义有计划商品经济的体制"后，1988 年国务院机构改革，提出转变政府职能是机构改革的关键，对政府经济管理部门进行了改革，调整了专业管理部门和综合部门内的专业机构，撤销 12 个部委，新组建 9 个部委。1992 年党的十四大提出建立社会主义市场经济体制的改革目标后，1993 年的国务院机构改革对宏观调控和监督部门进行了调整，撤销 7 个部委、新组建 6 个部委。为消除政企不分的组织基础，1998 年机构改革对专业经济管理部门进行了大刀阔斧的改革，将煤炭、冶金、机械等 9 个工业部改成国家经贸委管理的国家局。为适应加入世贸组织的需要，2003 年政府机构改革重点推进了相关经济、金融管理机构改革，撤销经贸委和对外经贸部，建立国资委、银监会等。为探索实行职能有机统一的大部门体制，2008 年国务院机构改革加强与整合了社会管理和公共服务部门（将劳动和社会保障部、人事部合并，组建人力资源和社会保障部），整合完善了工业和信息化、交通运输行业管理体制。

（四）中国特色社会主义进入新时代，党政机构职能体系在推进国家治理现代化进程中得到系统性重塑

党的十八大后，2013 年国务院机构改革对卫生和计划生育、食品药品、新闻出版和广播电影电视、海洋、能源管理等机构进行了整合，构建了一些具有大部制特点的政府部门和机构。党的十九大后，党和国家机构设置和职能配置同统筹推进"五位一体"总体布局、协调推进"四个全面"战略布局的要求还不完全适应，同实现国家治理体系和治理能力现代化的要求还不完全适应。"两个不适应"要求进一步深化机构改革。2018 年 2 月，党的十九届三中全会专题研究机构改革，审议通过《中共中央关于深化党和国家机构改革的决定》和《深化党和国家机构改革方案》，深化党和国家机构改革涉及党的领导体系、政府治理体系、武装力量体系、群团工作体系等多个方面。在加强党的领导方面，调整优化了党中央决策议事协调机构设置，加强党中央对重大工作的集中统一领导；加强了党中央职能部门归口领导归口管理职能；改革了党的纪检检查体制和国家监察体制等。在政府机构改革方面，优化宏观调控部门职责、完善科技创新体制机制、完善市场监管体制、完善促进乡村振兴工作体系、改革自然资源和生态环保管理体制、强化涉外机构职能，优化了政府经济和生态环保职能；改革完善卫生管理体制、加强退役军人保障体系建设、改革应急管理体制，增强了践行以人民为中心、保障重点民生的机构职能。机构改革体现出前所未有的广度、强度和深度，机构职能体系得到了系统性重构。

（五）党领导推进机构职能体系建设的基本经验

在党的领导下，党的组织机构改革、政府组织机构改革有效推进，确保了党在不同的历史时期完成了不同的革命和建设任务，机构职能体

系建设取得显著成效，尤其是改革开放以来，机构职能体系在机构改革中不断走向成熟和定型。2021年11月，党的十九届六中全会审议通过的《中共中央关于党的百年奋斗重大成就和历史经验的决议》概括和总结了党百年奋斗取得的十条历史经验：坚持党的领导、坚持人民至上、坚持理论创新、坚持独立自主、坚持中国道路、坚持胸怀天下、坚持开拓创新、坚持敢于斗争、坚持统一战线、坚持自我革命。^①党和国家机构职能体系是中国特色社会主义制度的重要组成部分，是中国共产党治国理政的重要保障，党百年奋斗的基本经验也深刻体现在推进机构职能体系建设过程之中，归纳如下。

1. 坚持党的领导，是推进机构职能体系建设的根本保证

在国家治理体系的大棋局中，党中央是坐镇中军帐的"帅"。坚持中国共产党的领导，是各类机构职能体系建设和机构改革有效推进的根本保证，如果没有党的领导，是难以完成机构改革的。坚持党的领导，是贯穿我国机构职能体系建设和机构改革的一条主线，也是决定机构职能体系建设成效的生命线。首先，坚持党的领导，为机构职能体系建设和机构改革把准正确的政治方向。在新民主主义革命时期、社会主义革命与建设时期、改革开放与社会主义现代化建设时期、中国特色社会主义新时代这些不同的历史时期，机构职能体系建设面临不同的形势和任务。只有坚持党的领导，发挥党在机构职能体系建设中把方向、谋大局、定政策、促改革的作用，才能确保机构职能体系建设和机构改革沿着正确的政治方向和改革目标前进。其次，坚持党的领导，确保机构改革与机构职能体系建设"横向到边"。我国机构职能体系涉及方方面面，从中央机构看，机构体系包括党中央机构、全国人大机构、国务院机构、全国政协机构、最高人民法院、最高人民检察院、群众团体机关、民主党派中央机关及武装力量机关等。这些机构承载着中国特色社会主义根本制度、基本制度和重要制度的运行，包括党的领导制度、人大制度、多党合作和政治协商制度、立法制度、行政体制等。只有坚持

---

① 中共中央关于党的百年奋斗重大成就和历史经验的决议 [N]. 人民日报, 2021 – 11 – 17 (001).

党的领导，才能确保机构改革与机构职能体系建设实现"全覆盖"，确保机构改革与机构职能体系建设达到应有的广度，确保中国特色社会主义制度的全方位高效运行。再次，坚持党的领导，确保机构改革与机构职能体系建设"纵向到底"。我国国家治理体系是一个多层级的治理体系，包括中央级、省级、地级、县级、乡镇级等五个治理层级（不含村、社区），历次机构改革和职能体系建设都是在中央机构改革的引领下，地方机构改革逐层推进，实现机构改革和机构职能体系建设的"一贯到底"。最后，在党的领导下，坚持民主集中制，是能够实现"一贯到底"的重要制度保障。民主集中制是党的根本组织原则，也是中华人民共和国的国家机构的组织原则。习近平同志指出："在深化党和国家机构改革中，我们探索和积累了宝贵经验，就是坚持党对机构改革的全面领导，坚持不立不破、先立后破，坚持推动机构职能优化协同高效，坚持中央和地方一盘棋，坚持改革和法治相统一相协调，坚持把思想政治工作贯穿改革全过程。"① 坚持党对机构改革的全面领导是 2018 年深化党和国家机构改革取得的首条重要经验。

2. 坚持人民至上，是推进机构职能体系建设的根本价值立场

为谁而改革和建设？这是推进机构改革和机构职能体系建设需要回答的首要问题。在党的领导下，推进机构改革和机构职能体系始终坚守为中国人民谋幸福的初心，不断提升机构职能体系为民服务的效能。一方面，坚持人民至上，让机构改革和机构职能体系建设有了更加科学的目标。在长期的机构职能体系建设实践基础上，2018 年深化党和国家机构改革，把以人民为中心作为机构改革应遵循的基本原则之一，从满足新时代人民群众日益增长的美好生活需要出发，推进了医疗卫生、食品安全、生态环境等机构职能体系建设，解决人民群众反映强烈的突出问题。另一方面，坚持人民至上，让机构改革和机构职能体系获得广泛的社会支持，有利于破除改革面临的阻碍和障碍。推进机构改革和机构职能体系建设，必然会遇到这样那样的阻力。坚持人民至上，通过机构改革和机构职能体系建设切实增强人民群众的获得感、幸福感、安全

① 习近平谈治国理政（第三卷）［M］. 北京：外文出版社，2020：105.

感，从而形成内外协同推进改革的局面和浓厚的改革氛围，有利于促进改革的顺利实施。

3. 坚持开拓创新，是推进机构职能体系建设的不竭动力

创新是一个国家、一个民族发展进步的不竭动力。坚持开拓创新，也是机构职能体系建设和发展的动力源泉。从生产力与生产关系角度看，机构职能体系作为上层建筑，需要不断适应社会生产力发展和经济基础变化而不断改进和完善。随着我国生产力的不断发展，机构职能体系必须坚持开拓创新，不断适应生产力和经济基础的变化和要求。从组织机构与周围环境关系看，坚持开拓创新，不断推进机构改革和机构职能体系建设，让党政机构组织体系更加有效适应环境变化。无论是政治系统分析理论，还是行政生态学理论，都强调了环境对组织机构体系具有重要的影响。在党的领导下，机构职能体系建设准确识变、科学应变、主动求变，适时推进机构改革，有效回应和适应了外部环境的变化。比如，在理顺党政职责关系、优化党政机构职能体系上，2018 年机构改革坚持开拓创新，推进党政关系由党政分开转向党的全面领导下的党政分工。这是我国处理党政关系的重大理论与实践创新，有利于系统提升党的领导力和政府执行力。

4. 坚持自我革命，是推进机构职能体系建设成功的信心和底气所在

勇于自我革命是中国共产党区别于其他政党的显著标志。中国共产党不仅善于领导社会革命，还善于进行自我革命。机构职能体系是党政体系自身的重要组成部分，建党以来机构职能体系的调整、建设和改革是党勇于自我革命的重要实践证明。1982 年 1 月，邓小平同志在中共中央政治局讨论中央机构精简问题会议上发表讲话，指出"精简机构是一场革命，当然，这不是对人的革命，而是对体制的革命"。① 改革开放以来历次机构改革都突出强调了改革的特殊重要性。2018 年深化党和国家机构改革，进一步强调"机构改革是推进国家治理现代化的一场深刻变革"，突出了机构改革的特殊意义。从革命、变革的角度，强调

---

① 中共中央文献研究室. 邓小平思想年谱（1975—1997）［M］. 北京：中央文献出版社，1998：212.

机构改革的特殊重要意义，既赋予了机构职能体系建设特殊重要的使命和任务，又强化了机构职能体系建设和机构改革"只许成功、不许失败"的信心和底气。

三、实现治理方式科学化

在建设社会主义现代化强国进程中，作为上层建筑，治理现代化对推进中国现代化具有重要的促进作用。超大规模国家实现现代化、治理现代化，具有很强的系统性和复杂性，这就要求建立一套更加科学、全面的治理方式或治理机制。此外，在路径依赖的作用下，一些传统治理遗留的非科学化治理方式影响着现代化治理的有效实现。构建科学化的治理方式也是超大规模条件下治理现代化的必然选择。

（一）推进依法治理

纵观古今，国家和公共治理方式有多种类型，包括人治、德治、宗教之治、政策之治、法治等；其中，作为现代化治理方式，法治是国家治理最基本最稳定最可靠的保障，是国家治理体系和治理能力的重要依托。习近平同志在党的十八届三中全会第二次全体会议上的讲话对什么是推进国家治理体系和治理能力现代化有明确定义："推进国家治理体系和治理能力现代化，就是要适应时代变化，既改革不适应实践发展要求的体制机制、法律法规，又不断构建新的体制机制、法律法规，使各方面制度更加科学、更加完善，实现党、国家、社会各项事务治理制度化、规范化、程序化"。① 从该定义看，推进国家治理现代化的本质是实现"制度之治"（法治是制度之治的高级形态）。

党的十九大后，成立中央全面依法治国领导小组（十九届三中全会后改为委员会），体现了以法治方式、推进国家治理现代化的坚强决心。全面依法治国领导小组站位高、层次高，对于今后深化依法治国实践必将产生重要的推动作用，具有深远的理论与实践意义。

---

① 中共中央文献研究室. 习近平关于全面深化改革论述摘编［M］. 北京：中央文献出版社，2014：25.

（1）全面依法治国目标的实现需要强有力的统筹协调。党的十八大以来，我国民主法治建设迈出重大步伐，法治国家、法治政府和法治社会建设相互促进，中国特色社会主义法治体系日益完善，全社会法治观念明显增强。但从实践来看，全面依法治国任务依然繁重，依法治国进程必须继续深入推进。全面依法治国是我国国家治理的一场深刻革命，也是一个复杂的系统工程，涉及经济建设、政治建设、文化建设、社会建设、生态文明建设、国防军队建设、党的建设等各个领域，涉及改革发展稳定、内政外交国防、治党治国治军等各个方面，不能单靠某一个或某几个部门，而是需要从整体上强化统筹协调、总体设计，从而有效克服推进全面依法治国进程中面临的诸多问题和挑战。强化统筹协调是全面推进依法治国目标实现的必然要求，是由我国法治建设任务和我国治理体制等多种因素所决定的。

从全面依法治国的任务要求来看，依法治国、依法执政、依法行政共同推进，需要强有力的统筹协调。在我国治理体制与结构之中，依法治国、依法执政、依法行政的实施主要涉及党委、政府两大系统。如果缺乏强有力的统筹协调，党委与政府系统之间就难以形成合力，依法治国、依法执政、依法行政就难以实现有机融合。

从全面依法治国的目标内容来看，法治国家、法治政府、法治社会一体建设需要强有力的统筹和协调。党的十九大报告指出，到2035年，我国在2020年全面建成小康社会的基础上，再奋斗十五年，基本实现社会主义现代化。到那时，法治国家、法治政府、法治社会基本建成。面向现代化的奋斗目标，法治国家、法治政府、法治社会一体建设不仅需要政法系统协同推进，还需要全社会的共同参与。我国政法系统主要包括人民法院、人民检察院、司法行政机关、公安机关和国家安全机关五大系统，虽然有政法委负责对政法系统实施统一领导，但是要在全社会的更大层面建设法治国家、法治政府、法治社会，还需要从更高层面强化统筹协调、总体设计。

从全面依法治国的工作实践来看，科学立法、严格执法、公正司法、全民守法的实现需要强有力的统筹和协调。我国治理体制与结构中，科学立法、严格执法、公正司法涉及国家政权结构中的人大、政府、司法等多个系统。单就执法活动来看，目前执法体制主要是分散化的部门执法体制，严格执法必然涉及多个政府部门及其执法主体。如果缺乏强有力的统筹协调，科学立法、严格执法、公正司法就难以统筹推进。

（2）领导小组是我国治理体制中强化统筹协调的有效形式。纵观世界，政府行政体制通常是按照专业分工原则分层级、分地域、分行业领域建立的科层制组织结构。经过"条块"划分之后，政府组织如何实现部门之间、地区之间的有机协调联动，成为政府进行公共管理的共同难题。如果缺乏有效的联动和协调，政府在一段时期内的重大决策、战略部署，往往会被面临碎片化、分散化现象，难以系统地、整体地推进和实施。因此，构建跨部门协同机制，打造整体性政府、协同政府，是当前许多国家政府改革的共同需求与发展趋势。作为我国治理体制运行的重要特点之一，领导小组是我国推进多部门、多地区、多系统协同联动，完成整体性、战略性、全局性任务的有效制度创新。领导小组作为我国党政治理体制中的协调机制，是从20世纪50年代出现并逐渐发展的。随着改革开放的不断深入，跨部门、跨地区、跨系统的公共事务不断涌现，领导小组得以大量设立。在党委和政府组织内部，尤其是在党中央成立的领导小组是优化治理体制、强化统筹协调的有效形式。无论是在中央层面，还是地方各级层面，领导小组都发挥了重要的统筹协调作用，有力地推进了跨部门、跨地区、跨系统战略性目标的实现。可以说，建立领导小组机制，既是我国在社会主义建设过程中积累的宝贵经验，也为世界其他国家和地区解决跨部门、跨地区、跨系统协同问题提供了中国方案。

（3）在中央层面设立领导小组，能够有效解决发展中的难题、推动重大决策部署落实。建立科学、合理、有效的改革协调机制是被实践证明了的有效举措。以改革为例，《中共中央关于全面深化改革若干重大问题的决定》提出要成立中央全面深化改革领导小组，负责改革的总体设计、统筹协调、整体推进、督促落实。党的十八大以来，中央全面深化改革领导小组先后召开30多次会议，研究全面深化改革中的重大问题与改革方案，有效地增强了全面深化改革的系统性、整体性、协同性，有力地推动了全面深化改革取得重大突破。这一经验对全面依法治国同样适用，凸显了全面推进依法治国目标的权威性、战略性。从领导小组设置的提出来看，全面依法治国领导小组是党的全国代表大会报告中提出设立的领导小组，层次高、权威性强。从领导小组承担的任务时间长短来看，既有临时性的领导小组，也有长期性的领导小组。面向2035 年基本建成法治国家、法治政府、法治社会的任务，全面依法治国领导小组是中央为实施全面依法治国成立的具有全局性的领导小组，势必具有战略性、连续性和稳定性。

促进依法执政、依法治国与依法行政的有机统一。党政军民学，东西南北中，党是领导一切的。办好中国的事情，关键在党。强化全面依法治国的统筹协调，关键也在党。党中央全面依法治国领导小组的成立，有利于加强党对法治建设的统一领导，实现依法执政、依法治国与依法行政的有机统一、共同推进。在全面依法治国领导小组的统筹协调下，党内法规体系建设与国家法治体系建设有了协同发展的平台，两者能实现相互补充、相互促进。在全面依法治国领导小组的统筹协调下，法治国家与法治政府、法治社会建设能够更好实现协同联动、相得益彰。提高全面推进依法治国的系统性、整体性和协同性。全面推进依法治国贵在全面，也要像全面深化改革一样，强化系统性、整体性、协同性。首先，设立全面依法治国领导小组，能够推进不同层级之间法治建设的"上下"联动。上下层级关系是我国治理体制中的重要关系，也是推进法治建设需要的重要关系。领导小组的设立为推动上下联动、一体化的法治建设提供了新的制度平台和渠道。其次，设立全面依法治国领导小组，能够推进不同部门之间法治建设的"左右"协同。全面依法治国领导小组，能够协调立法、执法、司法、普法等各个部门的资源和力量，消除各自为战的部门壁垒，形成整体性推进法治国家、法治政府和法治社会建设的大格局。再次，设立全面依法治国领导小组，能够推进政府与社会之间法治建设的"内外"互动。法治社会的构建，需要社会的广泛参与。党中央层面建立全面依法治国领导小组，能够充分调动各方面的力量，推动政府与社会在法治建设中实现良性互动。

（二）推进系统治理

超大规模国家治理包含多重任务，主要有政党治理、政府治理、经济治理、社会治理、乡村治理、城市治理、基层治理等。面对纷繁复杂的各类问题，仅仅依靠政府单一主体或单一机构单兵作战是不够的，还需要坚持系统思维，整合党政体制的整体资源和力量，发挥市场、社会等多种力量的积极性，实现系统治理。

一方面，强化统筹，提高系统内的系统性。党的十九大以来的机构改革就明显体现了这一特征。统筹机构设置是深化机构和行政体制改革的首要举措。党的十九大报告指出，要统筹考虑各类机构设置，科学配置党政部门及内设机构权力、明确职责。改革开放以来，我国行政体制改革实践主要发生在行政系统，侧重对行政机构进行改革，而忽视了其他类型机构改革对行政体制改革的制约和影响。统筹各类机构设置，突破了原有的仅仅局限于行政机构改革的传统路径，将行政改革放到我国国家治理体系和治理能力现代化的总体格局中思考和谋划，有利于提高行政体制改革的有效性和整体性。首先，应统筹党政群机构改革。党的十八届三中全会《中共中央关于全面深化改革若干重大问题的决定》提出，要统筹党政群机构改革，理顺部门职责关系。同政府行政机构一样，许多党群部门的机构设置同样存在设置不够科学、职责交叉、机构重叠等问题，甚至存在较多与政府部门机构设置的交叉重叠之处。统筹党政群机构改革要求，党群部门的设置应该同政府机构改革统筹谋划、统筹推进，实现党政群机构改革联动或一体化。其次，应统筹内设机构的改革。内设机构是组织机构运行的内核和关键，在科学配置党政部门的同时，必须由表及里、由浅入深，推进内设机构的重组和调整，合并内设机构的"同类项"，明晰权力和职责，推动机构改革从外在深化到内部。比如，在内设机构改革方面，要体现构建决策科学、执行坚决、监督有力权力运行机制的要求，按照决策、执行和监督专业化分工的原则配置内设机构及其职权，改变"小而全"（内设机构既有决策权、又有执行权和监督权）的内设机构配置格局。最后，应统筹行政改革与事业单位改革。事业单位是我国公共服务供给的主体，是满足人民日益增长的美好生活需要的关键力量。在推进行政改革的同时，要统筹推进事业单位改革，提高公共服务供给质量与水平。重点是抓好承担行政职能的事业单位改革。可依据事业单位行使行政职能的法律法规依据，对事业单位行政职能进行全面清理，开展改革试点。对于承担行政许可等职责的事业单位，划归政府（比如由政府直属事业单位调整为政府直属机构）；对于承担行政执法的机构，应结合行业改革的需要，整合建立综合执法机构；对于剥离行政职能后保留的事业单位，应突出公益性质，理顺事业单位与主管部门的关系，强化公共服务生产与供给。行政改革过程中，政府机构不向事业单位转移新的行政职能。

另一方面，强化社会参与，实现多元协同治理。从内涵上看，治理具有多重意涵，既具备党领导人民治理国家、国家主导治理的含义，也具备统治管理、多元治理的含义。从内涵上看，虽然当代语境下治理并非西方的治理（governance），但在基层治理、社会治理方面并不排斥社会的有效参与。党的十九届四中全会明确指出："社会治理是国家治理的重要方面。必须加强和创新社会治理，完善党委领导、政府负责、民主协商、社会协同、公众参与、法治保障、科技支撑的社会治理体系，建设人人有责、人人尽责、人人享有的社会治理共同体"。一些地方"行政有效、治理无效"的反差和困境表明，强化社会协同是提高治理系统性的现实选择。推进社会治理现代化、基层治理现代化，应从强调党政体系内部"小协同"，走向与社会"大协同"，在更大范围提高治理的系统性。

（三）推进源头治理

超大规模的客观特征为各类风险和矛盾的叠加作用、总量积累提供了空间。超大规模国家治理现代化必须坚持源头治理的理念，摒弃末端治理、事后"应急"的狭隘思想，不断提高防范化解重大风险的能力。一些突发事件案例处置的经验教训表明，推进治理现代化，在治理方式上须坚持源头治理。

2008 年，贵州瓮安"6·28"事件由一起中学生非正常死亡事件引发，最终演变为大规模群体性事件。为什么会发生这样的事件？为什么

"瓮安事件"从小案件最终酿成大事件？对该案例的原因进行分析，可以发现既有偶然因素，也有必然因素，既有表层的处置因素，也有深层次的社会因素。从深层次原因看，社会管理末端事件往往与前端治理问题相关。在事件发生的前几年，当地虽然依靠资源开发经济发展取得了一定的成绩，但在经济发展背后，社会面临许多隐忧，隐藏了许多矛盾，包括资源开发带来移民纠纷，当地社会治安复杂（黑恶势力猖獗），党群干群、警民关系紧张等。瓮安从大乱走向大治的一个重要经验教训是，要落实新发展理念，强化共享发展，实现风险矛盾的源头治理。管理学中的修路理论认为，当一个人在同一个地方出现两次以上同样的差错，或者两个以上不同的人在同一个地方出现同一差错，那一定不是人有问题，而是这条让他们出差错的"路"有问题。现代化的治理必须从治标到治本，从末端治理走向源头治理、系统治理。

（四）以全过程民主，实现民主治理

全过程人民民主，是对中国特色社会主义民主的新概括、新论断、新要求。民主是人类社会的共同基本价值追求，但民主的实现方式具有多种形式，不可能千篇一律。著名政治学家托克维尔认为："法律若不以民情为基础，就总要处于不稳定的状态。民情是一个民族的唯一的坚强耐久的力量。"全过程民主植根中国历史文化，符合中国国情，是中国最广泛、最真实、最管用的民主。从改善百姓生活的民主实效来看，中国全过程民主超越了"非全过程民主"，体现出持续实现民主价值的鲜明特征。在国家治理体系和国家治理实践中，民主是一个全过程，包括民主选举、民主协商、民主决策、民主管理与民主监督等重要环节。在单纯强调民主选举的体制下，选民只有投票时被唤醒，投票后就进入休眠期。这种非全过程民主模式往往会让民主价值在实现中产生"断点""空挡"。只有实现全过程的民主，才能让民主价值得到彻底、完整的实现。如果把国家治理活动比喻为一个完整的生命周期；那么，中国全过程民主模式实现了民主在国家治理体系和治理能力建设中的全生命周期覆盖、全生命周期实现，构筑起改善百姓生活、实现人民当家做主的全链条式制度保障。具体体现在五个方面。

第一，在民主选举环节，公众通过人民代表大会制度，行使民主选举权利。人民代表大会制度是中国国家的根本政治制度。人民代表大会制度赋予全体人民当家做主的权力，全体人民通过民主方式选出最符合自身意志的人大代表参加会议，直接或间接行使当家做主的权力，具有最广泛的民主性和代表性。人大代表在人代会中代表人民行使提案、选举、表决、质询等权力。此外，各级人大及其常委会还聚焦百姓生产生活关心的民生实事并开展民主监督。比如，近年来浙江等 20 多个省份探索实施了民生实事项目人大代表票决制（差额票决），让人大制度在改善百姓生活中产生更多的实效。

第二，在民主协商环节，公众依托中国共产党领导的多党合作和政治协商制度，推进民主协商。中国共产党领导的多党合作和政治协商制度是中国国家的一项基本政治制度。作为专门协商机构、社会主义协商民主的重要渠道，人民政协为人民参与充分民主协商搭建了平台、提供了渠道。近年来，政协积极创新，搭建协商平台，推动民主协商向基层延伸，实现"大家事，大家商量办"。比如，浙江省近年来积极推进"请你来协商"履职平台建设，县级政协面向基层（村、社区）开展"请你来协商"讨论活动，帮助基层解决各类民生问题（比如，小区停车难、保姆行业市场准入、公交线网优化、物业服务水平提升、基础教育高质量发展、农村文化礼堂建设等），群众的获得感在民主协商实践中得到进一步提升。

第三，在民主决策环节，公众依托科学民主依法决策机制，参与重大行政决策。长期以来，中国始终注重推进决策科学化、民主化、法治化建设。2019 年，国务院《重大行政决策程序暂行条例》施行，将公众参与列为重大行政决策程序的法定程序之一。对于涉及公众利益的重大行政决策，各级政府都必须实行公众参与，采取座谈会、听证会、实地走访、书面征求意见、向社会公开征求意见、问卷调查、民意调查等多种方式听取公众意见。《重大行政决策程序暂行条例》规定，公开征求意见的期限一般不少于 30 日。这些程序性规定有效保障了社会公众对于重大行政决策的知情权、参与权。

第四，在民主管理环节，公众通过基层群众自治制度，实现自我管理、自我服务。中国全过程民主不仅注重宏观层面的实现，也注重微观层面的实施。作为国家治理的微观基础，村（社区）治理也体现着鲜明的全过程民主特点。基层群众自治制度是中国国家的一项基本政治制度。在群众自治制度之下，村（社区）干部均由村（社区）内的村（居）民通过选举产生。近年来，中国不断推进和深化基层群众自治制度建设，探索和推出了居委会直接选举、村委会"海选"、村委会联选、"两票制"、村民代表会议制度、村务公开制度、村干部离任审计制度、村务监督委员会制度等创举，进一步保障了基层公众的民主管理权利，强化了基层社会的自组织。

第五，在民主监督环节，公众依托民主监督制度，行使民主监督权利。为确保公权力在正确的轨道上运行，我国建立起了完善的监督制度体系，包括党内监督、人大监督、行政监督、司法监督、社会民主监督等。随着全面从严治党的深入推进，社会民主监督的作用也日益凸显。不少地区推进和实施了网络问政、电视问政、投诉举报（例如"12345"政府服务热线）等社会民主监督方式创新，有效发挥群众监督和舆论监督的作用，切实解决了社会公众关心的一大批民生实事。

四、提高制度执行力和治理能力

制度的生命力在于执行，治理的关键在于治理能力。推进国家治理现代化既包括推进国家治理体系的现代化，也包含国家治理能力的现代化。在治理信息不对称、治理链条长等因素影响下，超大规模国家治理容易陷入"制度空转"、形式主义治理、治理异化等困境中。一些领域有制度未必有执行力的现象表明：必须以提升制度执行力和治理能力为落脚点，全方位推进国家治理现代化。从系统的角度看，高效的制度执行主要取决于三个要素：制度的决断者和监督者、制度执行者、制度执行对象。第一，要健全制度执行监督机制，通过"他动"的方式，提高制度执行力和治理能力。第二，要优化执行机制，通过执行者"自动"的方式，自主提高制度执行力和治理能力。第三，要优化社会环境，通过社会成员"主动"遵从的方式提高制度执行力和治理能力。

（一）强化领导干部、社会成员的制度意识

现代化的核心在于人的现代化，没有人的现代化就没有真正意义上的现代化。同理，治理现代化的核心也在于人的现代化，没有具备现代化制度和治理理念的人，就很难实现真正意义上的治理现代化。在治理现代化中，起关键少数作用的领导干部、社会全体成员都需要强化制度意识（规则意识），为推进国家治理现代化创造良好的社会氛围。

领导干部要带头维护制度权威，做制度执行的表率。一方面，要敬畏制度。习近平同志在党的十九届四中全会第二次全体会议上的讲话中指出：有的人对制度缺乏敬畏，根本不按照制度行事，甚至随意更改制度；有的人千方百计钻制度空子、打擦边球；有的人不敢也不愿遵守制度，甚至极力逃避制度的监管。① 另一方面，要严格公正执行制度。制度一经制定，就要严格执行。再好的制度，如果不抓落实，只是写在纸上、贴在墙上、锁在抽屉里，就会形同虚设，其效果也会大打折扣。在制度执行过程中，要摒弃特权思想，坚持制度面前人人平等、执行制度没有例外，不留"暗门"、不开"天窗"，防止"破窗效应"。管理学中的"破窗效应"是指企业没有及时矫正和补救正在发生的问题，就会让更多人铤而走险，造成管理混乱或更大的麻烦。在制度执行上，如果存在各种"例外"，制度执行就会向"破窗"一样，存在许多漏洞，制度执行力必将大打折扣。

要提高社会的制度意识、规则意识。一方面，加强社会的制度自信宣传和教育。习近平同志在党的十九届四中全会第二次全体会议上的讲话中指出：要把制度自信教育贯穿国民教育全过程，把制度自信的种子播撒进青少年心灵。② 另一方面，在加强社会法治教育中，强化制度意识、规则意识。我国社会拥有几千年的"人治"传统，社会的制度意识、规则意识牢固树立还需要长期的过程。要通过以案说理等多种方式和手段，让规则意识、制度意识深入人心，提高全社会的规则遵从度。

---

① ② 习近平. 坚持和完善中国特色社会主义制度　推进国家治理体系和治理能力现代化 [J].
求是，2020（1）：4 - 13.

（二）健全制度执行机制

以健全监督机制（问责机制），强化制度执行机制。习近平同志在党的十九届四中全会第二次全体会议上的讲话中指出：要构建全覆盖的制度执行监督机制，把制度执行和监督贯穿区域治理、部门治理、行业治理、基层治理、单位治理的全过程，坚决杜绝制度执行上做选择、搞变通、打折扣的现象，严肃查处有令不行、有禁不止、阳奉阴违的行为，确保制度时时生威、处处有效。监督问责是我国提升制度执行力的重要手段。

近年来，问责制在提供公共管理过程中的执行力上发挥着明显的作用。公共管理过程中的问责制，就是对公共管理主体行使公共权力进行监督和约束的制度安排。问责制度建设的目的是防止出现公共权力的滥用。2003 年非典事件后，各地先后出台问责规定。2006 年实施的《国家公务员法》明确，"引咎与责令辞职"。2009 年《关于实行党政领导干部问责的暂行规定》出台，表明问责从政府领导扩大到党委领导干部。2016 年，《中国共产党问责条例》审议通过，问责制的制度框架以党内法规形式得到确立。习近平同志在《在十八届中央政治局第二十四次集体学习时的讲话》指出："有些法规制度为什么执行不了、落实不下去？就是因为责任不明确、奖惩不严格，违反了法规制度怎么惩罚无章可循。要明确责任主体，确保可执行、可监督、可检查、可问责。"

以引入激励相容，强化制度自执行机制。毛泽东同志曾指出："我们不但要提出任务，而且要解决完成任务的方法问题。我们的任务是过河，但是没有桥或没有船就不能过。不解决桥或船的问题，过河就是一句空话。不解决方法问题，任务也只是瞎说一顿"。找到解决问题的方法至关重要。激发执行者自身的积极性和主动性，也是提高执行力的基本路径。激励相容理论认为，如果能有一种制度安排，使追求个人利益的行为正好与集体价值最大化的目标相一致，这一制度安排就是"激励相容"。把激励做对做好是我国改革开放伟大实践的重要特征之一。比如，家庭联产承包制。一些政策执行不佳的教训也表明，没有把激励做对是其中的一个关键因素。比如，为什么用政策手段解决小微企业融资难效果不佳，是没有出台足够数量的政策吗？主要原因是：银行的激励——风险最小化、政府的激励——让银行为小微企业贷款，两者不相容。根据激励相容理论，只要制度设计或政策设计实现各主体利益相容，制度执行必将大大提升。"治大国若烹小鲜"背后的配套机制是激励相容，在制度执行中各方自在自为。

（三）提高干部队伍治理能力

干部队伍是国家治理和制度的主要创造者、执行者。推进国家治理体系和治理能力的现代化，必须提高干部队伍的治理能力。从微观治理实践看，没有有效的治理能力，再好的制度也难以发挥作用。真正实现社会和谐稳定、国家长治久安，还是要靠制度，靠党在国家治理上的高超能力，靠高素质干部队伍。习近平同志在党的十九届四中全会第二次全体会议上的讲话明确指出：要把提高治理能力作为新时代干部队伍建设的重大任务，引导广大干部提高运用制度干事创业能力，严格按照制度履行职责、行使权力、开展工作。[①] 在推进国家治理现代化背景下，什么是治理能力、有哪些核心的要求？根据制度与能力的关系，干部队伍的能力大致可以分为四种类型：有制度无能力的低效治理、无制度有能力的"摆平式"无效治理、有能力无制度的人治、有制度有能力的现代化治理（见表 11 – 1）。从基本分类看，现代的治理能力主要是在遵照和执行制度基础上所拥有的并且能够解决各类公共问题的制度执行力。

表 11 –1　　　　　　　　　以制度为中心的干部能力基本类型

制度建设 干部能力		干部能力高低	
		能力低	能力高
制度化程 度的高低	高制度化	有制度、无能力（低效治理）	既有制度、又有能力（现代化治理）
	低制度化	无制度、无能力（无效治理）	有能力、无制度（人治）

[①]　习近平. 坚持和完善中国特色社会主义制度　推进国家治理体系和治理能力现代化 [J]. 求是，2020（1）：4 –13.

面对风险社会突发事件层出不穷的挑战，现代治理能力建设须强化应急处突能力。从领导和管理实践看，相对于常态的管理能力，应急处突能力具有特殊重要的地位。如果采用逆向思考，假定各项工作都做得好（达到100分），日常工作出现一点失误，最终的工作成绩是100－1＝99分，这是因为，日常工作失误对总体工作影响在个位数层面；但是如果突发事件应急出现一点失误，最终的工作成绩很可能是100－1＝0分，这是因为，应急失误对总体工作影响在百位数层面。管理学新木桶理论告诉我们，全面提高领导能力，既要像传统木桶理论证明的拉长"短板"，更要加固"底板"，提高应急处突能力。

五、着力推进基层治理现代化

在超大治理规模国家内部，国家治理体系由众多的基层治理单元构成，国家治理任务能否有效转化为治理目标，还取决于基层治理体系是否有效。基层治理体系是国家治理有效执行和落实的场域。优化机构职能体系，推进国家治理现代化，既要遵循自上而下（Top－Down）的逻辑路径，也要坚持自下而上（Bottom－Up）的逻辑路径，立足基层，推进基层治理体系和治理能力现代化。从国情看，我国基层治理具有显著的规模差异，基层治理现代化研究尚未系统性对此及其影响展开研究。在我国治理体系中，优化基层治理体系主要涉及三个层级。第一，村（社区）。根据《中国共产党章程》第三十条：企业、农村、机关、学校、科研院所、街道社区、社会组织、人民解放军连队和其他基层单位，凡是有正式党员三人以上的，都应当成立党的基层组织。第二，乡镇（街道）。根据《中共中央 国务院关于加强基层治理体系和治理能力现代化建设的意见》：基层治理是国家治理的基石，统筹推进乡镇（街道）和城乡社区治理，是实现国家治理体系和治理能力现代化的基础工程。第三，涉及县级。县级直接面对基层群众。基层治理规模是在基层治理体系中，由人口、经济、空间等治理对象构成的大小规模，包括人口规模、经济规模、空间规模等。本书探讨的基层治理规模要素属于一般性要素，不包括边疆要素、民族宗教等特殊要素。

治理规模与治理资源规模适配是推进基层治理现代化的科学路径。

从需求和供给看，基层治理科学化需要实现基层治理规模与基层治理资源配置的适配，即基层治理规模与机构规模、人员编制规模、财政资源规模的适配。基层治理体系建设要量体裁衣，特定治理规模条件下，"穿合适的衣服"，而非寻求治理资源最大化。如果治理规模与治理资源存在严重的不匹配，从客观条件上会制约基层治理能力。治理规模过大，治理资源难以保障基层治理的高效运行，形成治理资源严重超载；治理规模过小，过剩的治理资源会推高基层治理成本，造成治理资源的严重过剩（见表11-2）。根据对某县的调研，人口数量万人左右的社区，居委会专职干部仅有1~2人，人员资源供给与人口总量占比不足1/5 000。人力资源的严重不足，必然让干部服务群众有心无力、疲于奔命。

表11-2　　　　治理规模与治理资源规模适配问题的类型学

资源规模 治理规模		治理规模的大小		
		小	中	大
资源规模 的大小	小	规模适配性治理	治理资源超载	治理资源严重超载
	中	治理资源供给过剩	规模适配性治理	治理资源超载
	大	治理资源供给严重过剩	治理资源供给过剩	规模适配性治理

近年来，许多因素的变化，影响我国基层治理规模适配。从需求端看，就治理规模而言，基层治理规模相对较大、治理任务普遍增长；人口与经济规模存在显著的区域性差异、变化；基层政府职能规模的普遍增加。比如，随着放管服改革的深入实施，许多便民利企事项下放到基层，方便了群众企业办事，也为基层增加了更多的行政性事务。根据对某市辖区村（社区）的调研，村（社区）承担下放便民服务事项多达100项。从供给端看，就治理资源规模而言，治理资源配置规模相对偏小，治理资源配置相对稳定、资源配置管理权限等级高，治理技术和条件改善。针对不同程度的基层治理规模适配问题，应采取梯度性适配的方案，优化治理体系。针对严重不适配地区，适当提高治理规模调整的弹性。比如，在超载型基层治理地区，推进行政区划升级（特大镇改

市）、行政性扩权等。近20年来，我国乡镇行政区划调整相对较多，但县级行政区划调整相对较少（见表11-3）。在过剩型基层治理地区，推进行政区划合并（袖珍县撤并、乡镇撤并、村居撤并）等。对于中等程度以下的不适配地区，创新治理机制：治理资源差异化、标准化配置机制；数字赋能机制，放大治理能力；基层自治、社会共治机制，提升治理能力等。

表11-3　　　　2002～2020年地级以下行政区划数量变化　　　　单位：个

年份	地级区划	县级区划	市辖区数	县级市	县	自治县	乡镇级区划	镇	乡	街道办事处
2002	332	2 860	830	381	1 478	116	44 850	20 601	18 639	5 576
2003	333	2 861	845	374	1 470	117	44 067	20 226	18 064	5 751
2004	333	2 862	852	374	1 464	117	43 258	19 883	17 451	5 904
2005	333	2 862	852	374	1 464	117	41 636	19 522	15 951	6 152
2006	333	2 860	856	369	1 463	117	41 040	19 369	15 306	6 355
2007	333	2 859	856	368	1 463	117	40 813	19 249	15 120	6 434
2008	333	2 859	856	368	1 463	117	40 828	19 234	15 067	6 524
2009	333	2 858	855	367	1 464	117	40 858	19 322	14 848	6 686
2010	333	2 856	853	370	1 461	117	40 906	19 410	14 571	6 923
2011	332	2 853	857	369	1 456	117	40 466	19 683	13 587	7 194
2012	333	2 852	860	368	1 453	117	40 446	19 881	13 281	7 282
2013	333	2 853	872	368	1 442	117	40 497	20 117	12 812	7 566
2014	333	2 854	897	361	1 425	117	40 381	20 401	12 282	7 696
2015	334	2 850	921	361	1 397	117	39 789	20 515	11 315	7 957
2016	334	2 851	954	360	1 366	117	39 862	20 883	10 872	8 105
2017	334	2 851	962	363	1 355	117	39 888	21 116	10 529	8 241
2018	333	2 851	970	375	1 335	117	39 945	21 297	10 253	8 393
2019	333	2 846	965	387	1 323	117	38 755	21 013	9 221	8 519
2020	333	2 844	973	388	1 312	117	38 741	21 157	8 809	8 773

本 章 小 结

推进国家治理现代化，必须坚持党的全面领导，发挥超大规模的治理优势，克服超大规模可能带来的挑战和风险，更好地把制度优势转化为治理效能。

寻求最优规模是政治学、公共行政学对政府组织体系的理想追求，也是经济学对财政收支活动的理想追求。在推进国家治理现代化背景下，寻求最优规模需要更好地适应超大规模的国情和特性。"大有大的好处"，超大规模对国家治理现代化的积极影响有：国家治理体系具备集中力量办大事的集中优势、生产与发展的规模经济优势、对抗经济社会风险的韧性优势等。"大有大的难处"，超大规模对国家治理现代化的主要挑战有：风险矛盾积累叠加的挑战、内部"上下左右"协调的挑战、治理异化的挑战等。展望未来，应在推进国家治理现代化的轨道上，坚持党的全面领导，发挥超大规模的治理优势，克服超大规模可能带来的挑战，更好地把制度优势转化为治理效能。

参 考 文 献

［1］埃莉诺·奥斯特罗姆. 公共资源的未来：超越市场失灵和政府管制［M］. 北京：中国人民大学出版社，2015.

［2］安东尼·唐斯. 官僚制内幕［M］. 北京：中国人民大学出版社，2006.

［3］包雅钧，王伟进. 推进有条件事业单位转为社会组织的思考［J］. 治理现代化研究，2018，262（4）：42–48.

［4］贝淡宁. 中国政治模式：贤能还是民主［J］. 中央社会主义学院学报，2018（4）：46–51.

［5］曹正汉. 中国上下分治的治理体制及其稳定机制［J］. 社会学研究，2011，25（1）：1–40.

［6］陈柏峰. 党政体制如何塑造基层执法［J］. 法学研究，2017，39（4）：191–208.

［7］陈健，胡家勇. 政府规模与经济发展［J］. 财经问题研究，2003（8）：3–7.

［8］陈文：城市社会"碎片化治理"的生成机理与消解逻辑［J］. 经济社会体制比较，2017（3）：54–63.

［9］陈宇峰，钟辉勇. 中国财政供养人口规模膨胀的影响因素与结构偏向［J］. 经济社会体制比较，2012（1）：22–34.

［10］程文浩，卢大鹏. 中国财政供养的规模及影响变量——基于十年机构改革的经验［J］. 中国社会科学，2010（2）：84–102.

［11］崔月琴. 转型期中国社会组织发展的契机及其限制［J］. 吉

林大学社会科学学报，2009（3）：20-26.

　　［12］戴昌桥．中美地方政府治理结构比较［J］．中国行政管理，2011（7）：94-97.

　　［13］邓国胜等．中国 NGO 问卷调查的初步分析［D］．北京：清华大学 NGO 研究所，2001.

　　［14］丁一汇．从混沌效应到预测未来［J］．知识就是力量，2020（3）：3.

　　［15］董秀海，胡颖廉，李万新．中国环境治理效率的国际比较和历史分析——基于 DEA 模型的研究［J］．科学学研究，2008，26（6）：1221-1230.

　　［16］豆建民，刘欣．中国区域基本公共服务水平的收敛性及其影响因素分析［J］．财经研究，2011（10）：37-47.

　　［17］范逢春．特大城市社会治理机制创新研究——基于整体性治理的维度［J］．云南社会科学，2014（6）：146-151.

　　［18］范子英，张军．粘纸效应：对地方政府规模膨胀的一种解释［J］．中国工业经济，2010（12）：5-15.

　　［19］高奇琦，游腾飞．国家治理的指数化评估及其新指标体系的构建［J］．探索，2016（6）：149-156.

　　［20］高彦彦，苏炜，郑江淮．政府规模与经济发展——基于世界面板数据的实证分析［J］．经济评论，2011（2）：129-136.

　　［21］管兵．政府向谁购买服务：一个国家与社会关系的视角［J］．公共行政评论，2016（1）：131-150.

　　［22］光辉，王茜，王匡夫．国家调查队：应对规模治理"信息难题"的体制设计［J］．社会科学研究，2022（1）：25-37.

　　［23］郭庆旺，贾俊雪．财政分权、政府组织结构与地方政府支出规模［J］．经济研究，2010（11）：59-72.

　　［24］郭艳清．江西省事业单位人员编制规模研究［D］．南昌：南昌大学，2009：1.

　　［25］国务院发展研究中心课题组，马建堂，张军扩．充分发挥"超大规模性"优势　推动我国经济实现从"超大"到"超强"的转变

[J]. 管理世界，2020，36（1）：1-7.

[26] 韩文秀. 以高质量发展优异成绩迎接党的二十大胜利召开 [J]. 瞭望，2022（1）：20-24.

[27] 韩志明. 大国治理的负荷及其应对机制——以规模问题为中心的理论考察 [J]. 南京社会科学，2021（4）：82-91.

[28] 何增科. 中国公民社会组织发展的制度性障碍分析 [J]. 中共宁波市委党校学报，2006（6）：23-30.

[29] 何增科. 理解国家治理及其现代化 [J]. 马克思主义与现实，2014（1）：11-15.

[30] 侯祥鹏. 地方政府"层层加码"与人口城镇化推进——基于"十三五"规划文本的实证分析 [J]. 现代经济探讨，2018（2）：116-126.

[31] 后向东. 论国家治理视野下的政务公开——国家制度的发布，提供与管理 [J]. 中国行政管理（8）：9.

[32] 胡佳. 迈向整体性治理：政府改革的整体性策略及在中国的适用性 [J]. 南京社会科学，2010（5）：46-51.

[33] 胡仙芝. 论社会中介组织在公共管理中的职能和作用 [J]. 中国行政管理，2004（10）：84-89.

[34] 黄仁宇. 万历十五年：增订纪念本 [M]. 北京：中华书局，2006.

[35] 黄滔. 整体性治理制度化策略研究 [J]. 行政与法，2010（2）：1-4.

[36] 姜明安. 软法在推进国家治理现代化中的作用 [J]. 求是学刊，2014，41（5）：79-89.

[37] [英] 杰弗里·韦斯特. 规模——复杂世界的简单法则 [M]. 张培，译. 北京：中信出版社，2018.

[38] 金观涛，刘青峰. 兴盛与危机：论中国社会超稳定结构 [M]. 北京：法律出版社，2011.

[39] 景天魁. 中国社会发展的时空结构 [J]. 社会学研究，1999（6）：13.

［40］李丙红，李和中．我国省级政府人力规模影响因素定量分析［J］．北京行政学院学报，2008（5）：53－57.

［41］李国强．我国国家制度和国家治理体系的深厚历史底蕴［J］．理论导报，2020（1）：3.

［42］李国武．社会组织的省域分布研究［J］．社团管理研究，2011（8）：37－40.

［43］李军鹏．国家行政体系：内涵、价值与完善［J］．国家治理，2021（20）：39－42.

［44］李利文．中国城市空间的治理逻辑——基于权力结构碎片化的理论视角［J］．华中科技大学学报（社会科学版），2016，30（3）：38－46.

［45］李胜．超大城市突发环境事件管理碎片化及整体性治理研究［J］．中国人口·资源与环境，2017（12）：88－96.

［46］李松龄．新时代社会主要矛盾的理论认识与制度安排［J］．湖南大学学报（社会科学版），2019，33（1）：1－9.

［47］李文钊，董克用．中国事业单位改革：理念与政策建议［J］．中国人民大学学报，2010，24（5）：134－142.

［48］李玉华，杜晓燕．全面剖析新加坡、中国公共治理现状：基于1996—2007年全球治理指数［J］．华东经济管理，2009，23（12）：30－35.

［49］梁玉柱．政府能力、社会组织与地方养老服务差异——基于2004—2013年省级面板数据的实证分析［J］．广东行政学院学报，2017（3）：18－24.

［50］刘炳辉．党政科层制：当代中国治体的核心结构［J］．文化纵横，2019（2）：32－43.

［51］刘培林．全球气候治理政策工具的比较分析——基于国别间关系的考察角度［J］．世界经济与政治，2011（5）：127－142.

［52］刘鹏．从分类控制走向嵌入型监管：地方政府社会组织管理政策创新［J］．中国人民大学学报，2011，25（5）：91－99.

［53］楼苏萍．治理理论分析路径的差异与比较［J］．中国行政管

理，2005（4）：82-85.

［54］吕芳，程名．美国公共服务合同外包改革对政府规模的影响[J]．国外社会科学，2018（5）：84-92.

［55］马得勇，王正绪．社会资本、民主发展与政府治理——对69个国家的比较研究［J］．开放时代，2009（5）：70-83.

［56］梅冬州，龚六堂．开放真的导致政府规模扩大吗？［J］．经济学季刊，2012，12（1）：245.

［57］莫纪宏．从制度、制度化到制度体系构建——制度发展的内在逻辑［J］．西北大学学报（哲学社会科学版），2020，50（3）：96-105.

［58］欧树军，王绍光．小邦大治：新加坡的国家基本制度建设[M]．北京：社会科学文献出版社，2017.

［59］潘卫杰．对省级地方政府规模影响因素的定量研究［J］．公共管理学报，2007（1）：33-41.

［60］泮伟江．法学的社会学启蒙［M］．北京：商务印书馆，2019.

［61］彭冲，陆铭．从新城看治理：增长目标短期化下的建城热潮及后果［J］．管理世界，2019，35（8）：44-57.

［62］彭锦鹏．全观型治理：理论与制度化策略［J］．政治科学论丛，2005（3）．

［63］渠敬东．项目制：一种新的国家治理体制［J］．中国社会科学，2012（5）：113-130.

［64］任博，孙涛．整体性治理视阈下我国城市政府公共服务职责划分问题研究［J］．东岳论丛，2018，39（3）：165-172.

［65］任德新，楚永生，陆凯旋．时空观视角：国家治理体系和治理能力现代化的阐释［J］．江苏社会科学，2017（4）：6.

［66］盛思鑫．谁在误导你的决策：无处不在的守门人［M］．北京：社会科学文献出版社，2015.

［67］时和兴．国家治理变迁的困境及其反思：一种比较观点［J］．当代世界与社会主义，2014（1）：24-29.

［68］史云贵，周荃．整体性治理：梳理、反思与趋势［J］．天津

行政学院学报，2014（5）：3-8.

[69] 宋世明. 新时代深化行政体制改革的逻辑前瞻 [J]. 中国行政管理，2020（7）：6-14.

[70] 苏晓红，王文剑. 中国的财政分权与地方政府规模 [J]. 财政研究，2008（1）：44-46.

[71] 孙群力. 财政分权对政府规模影响的实证研究 [J]. 财政研究，2008（7）：33-36.

[72] 孙群力. 中国地方政府规模影响因素的实证研究 [J]. 财政研究，2010（1）：38-41.

[73] 孙涛，李瑛. 公务员规模省际差异影响因素研究：基于2001—2008 年面板数据 [J]. 中国人民大学学报，2011，25（1）：133-142.

[74] 孙亚忠. 适度政府规模的数量和质量分析 [J]. 南京社会科学，2005（7）：58-63.

[75] 唐皇凤. 新中国60 年国家治理体系的变迁及理性审视 [J]. 经济社会体制比较，2009（5）：24-32.

[76] 唐任伍. 形形色色的"层层加码"现象 [J]. 人民论坛，2016（21）：12-15.

[77] 王丛虎，王晓鹏. "社会综合治理"：中国治理的话语体系与经验理论——兼与"多中心治理"理论比较 [J]. 南京社会科学，2018（6）：60-66.

[78] 王名，孙伟林. 社会组织管理体制：内在逻辑与发展趋势 [J]. 中国行政管理，2011（7）：16-19.

[79] 王名，贾西津. 中国NGO 的发展分析 [J]. 管理世界，2002（8）：30-43.

[80] 王浦劬. 国家治理、政府治理和社会治理的含义及其相互关系 [J]. 国家行政学院学报，2014（3）：11-17.

[81] 王浦劬. 推进国家治理现代化的基本理论问题 [J]. 中国党政干部论坛，2021（11）：10-17.

[82] 王绍光. 中国公共政策议程设置的模式 [J]. 中国社会科学. 2006（5）：88.

［83］王伟，李巍．河长制：流域整体性治理的样本研究［J］．领导科学，2018（17）：16.

［84］王玉珍，王李浩．治理现代化背景下社会组织省域发展差异分析［J］．中国行政管理，2016：45－50.

［85］温红梅，姚凤阁．金融风险系统混沌效应的分析与控制［C］//第九届中国管理科学学术年会论文集，2007：292－296.

［86］文军．中国社会组织发展的角色困境及其出路［J］．江苏行政学院学报，2012：57－61.

［87］翁士洪．整体性治理模式的兴起——整体性治理在英国政府治理中的理论与实践［J］．上海行政学院学报，2010，11（2）：51－58.

［88］吴家庆，王毅．中国与西方治理理论之比较［J］．湖南师范大学社会科学学报，2007（2）：58－65.

［89］吴木銮，林谧．政府规模扩张：成因及启示［J］．公共管理学报，2010（4）：1－11.

［90］吴增礼，巩红新．习近平新时代风险治理思想初探［J］．湖南大学学报（社会科学版），2018，32（4）：7－11.

［91］习近平．坚持和完善中国特色社会主义制度　推进国家治理体系和治理能力现代化［J］．求是，2020（1）：4－13.

［92］习近平．切实把思想统一到党的十八届三中全会精神上来［N］．人民日报，2014－01－01（002）.

［93］习近平．论坚持党对一切工作的领导［M］．北京：中央文献出版社，2019.

［94］习近平谈治国理政（第三卷）［M］．北京：外文出版社，2020.

［95］徐湘林．中国的转型危机与国家治理：历史比较的视角［J］．复旦政治学评论，2011（00）：42－69.

［96］徐盈之，赵永平．新型城镇化、地方财政能力与公共服务供给［J］．吉林大学社会科学学报，2015（5）：24－35.

［97］亚当·斯密．国富论［M］．重庆：重庆出版社，2015.

［98］闫鹏. 我国地方政府行政执行力：一个被忽视但极端重要的行政研究视角［J］. 兰州学刊，2006（3）：109－111.

［99］杨灿明，孙群力. 外部风险对中国地方政府规模的影响［J］. 经济研究，2008（9）：115－121.

［100］姚中秋. 论学统复建［M］. 上海：生活·读书·新知三联书店，2019.

［101］余华义. 城市化、大城市化与中国地方政府规模的变动［J］. 经济研究，2015（10）：104－118.

［102］俞可平. 论国家治理现代化［M］. 北京：社会科学文献出版社，2014.

［103］贠杰. 政府治理中"层层加码"现象的深层原因［J］. 人民论坛，2016（21）：22－24.

［104］袁飞，陶然，徐志刚. 财政集权过程中的转移支付和财政供养人口规模膨胀［J］. 经济研究，2008（5）：70－80.

［105］约翰·W. 金登. 议程、备选方案与公共政策（第2版）［M］. 北京：中国人民大学出版社，2004.

［106］臧雷振. 治理定量研究：理论演进及反思——以世界治理指数（WGI）为例［J］. 国外社会科学，2012（4）：11－16.

［107］张光. 财政规模、编制改革和公务员规模的变动：基于对1978—2006年的实证分析［J］. 政治学研究，2008（4）：97－107.

［108］张雅林. 适度政府规模与我国行政机构改革选择［J］. 经济社会体制比较，2001（3）：101－106.

［109］赵晨. 中美欧全球治理观比较研究初探［J］. 国际政治研究，2012，33（3）：86－103.

［110］郑小琪. 江陕西省事业单位编制规模调控研究——基于1990—2009年江西省11个地级市面板数据的实证研究［D］. 南昌：南昌大学，2011：1.

［111］中共中央关于党的百年奋斗重大成就和历史经验的决议［N］. 人民日报，2021－11－17（001）.

［112］中共中央关于坚持和完善中国特色社会主义制度　推进国

家治理体系和治理能力现代化若干重大问题的决定［N］. 人民日报，2019 – 11 – 06（001）.

［113］中共中央文献研究室. 邓小平思想年谱（1975—1997）［M］. 北京：中央文献出版社，1998.

［114］中共中央文献研究室. 毛泽东年谱（1949—1976）第一卷［M］. 北京：中央文献出版社，2013.

［115］中共中央印发《深化党和国家机构改革方案》［N］. 人民日报，2018 – 03 – 22（001）.

［116］中国行政管理学会课题组. 我国社会中介组织发展研究报告［J］. 中国行政管理，2005：6 – 13.

［117］周光辉，陈玲玲. 巡视巡察：应对规模治理"失察难题"的长效机制［J］. 行政论坛，2022，28（1）：5 – 16.

［118］周光辉，隋丹宁. 从文书行政到文件政治：破解我国规模治理难题的内生机制［J］. 江海学刊，2021（4）：247 – 253.

［119］周光辉，王宏伟. 对口支援：破解规模治理负荷的有效制度安排［J］. 学术界，2020（10）：14 – 32.

［120］周黎安. 行政发包制［J］. 社会，2014，34（6）：1 – 38.

［121］周黎安. 转型中的地方政府官员激励与治理［M］. 上海：格致出版社，2017.

［122］周雪光. 中国国家治理的制度逻辑：一个组织学研究［M］. 上海：生活·读书·新知三联书店，2017.

［123］周雪光. 国家治理规模及其负荷成本的思考［J］. 吉林大学社会科学学报，2013，53（1）：5 – 8.

［124］周雪光. 论中国官僚体制中的非正式制度［J］. 清华社会科学，2019，1（1）：7 – 42.

［125］朱光磊，张东波. 中国政府官员规模问题研究［J］. 政治学研究，2003（3）：91 – 99.

［126］竺乾威. 从新公共管理到整体性治理［J］. 中国行政管理，2008（10）：52 – 58.

［127］庄玉乙，张光. "利维坦"假说、财政分权与政府规模扩

张：基于 1997—2009 年的省级面板数据分析 ［J］. 公共行政评论，2012 （4）：5 – 26.

［128］左然. 构建中国特色的现代事业制度——论事业单位改革方向、目标模式及路径选择 ［J］. 中国行政管理，2009 （1）：11 – 21.

［129］Atack I. Four criteria of development NGO legitimacy ［J］. World Development Oxford，1999，27 （5）：855 – 864.

［130］B，Guy，Peters et al. Governance without government? Rethinking public administration ［J］. J Public Adm Res Theory，1998，8 （2）：223 – 243.

［131］Bettencourt L M，Lobo J，Helbing D et al. Growth，innovation，scaling，and the pace of life in cities ［J］. Proceedings of the National Academy of Sciences of the United States of America，2007，104 （17）：7301 – 7306.

［132］Deng G. The influence of elite philanthropy on NGO development in China ［J］. Asian Studies Review，2015，39 （4）：1 – 17.

［133］Epperly B，Lee T. Corruption and NGO sustainability：a panel study of post-communist states ［J］. Voluntas International Journal of Voluntary & Nonprofit Organizations，2015，26 （1）：171 – 197.

［134］Leach R，Percy-Smith J. Local governance in Britain ［M］. Palgrave，2001.

［135］Marlene Jugl. Country size and public administration ［M］. Cambridge：Cambridge University Press，2022.

［136］Marlow M L. Fiscal decentralization and government size ［J］. Public Choice，1988，56 （3）：259 – 269.

［137］Perri 6，Leat D，Seltzer K et al. Towards holistic governance：the new reform agenda ［M］. Palgrave，2002.

［138］Ram R. Government size and economic-growth—a new framework and some evidence from cross-section and time-series data ［J］. Am Econ Rev，1986，76 （1）：191 – 203.

［139］Ram R. Openness，country size，and government size：additional evidence from a large cross-country panel [J]. Journal of Public Economics, 2009: 213 – 218.

[140] Rhodes R A W. The new governance: Governing without government [J]. Political Studies, 1996, 44 (4): 652 – 667.

[141] Rosenau James N, Czempiel Ernst-Otto. Governance without government: order and change in world politics [M]. Cambridge: Cambridge University Press, 1992.

[142] Heilmann S. Policy experimentation in China's economic rise [J]. Open Times, 2008, 43 (1): 1 – 26.

[143] Stoker G. Governance as theory: five propositions [J]. International Social Science Journal, 2010, 50 (155): 17 – 28.

[144] Tobin D. Economic liberalization, the changing role of the state and "Wagner's Law": China's development experience since 1978 [J]. World Development, 2005, 33 (5): 729 – 743.

[145] Toepler S, Salamon L M. NGO development in Central and Eastern Europe: an empirical overview [J]. East European Quarterly 2003, 27 (5): 365 – 378.

[146] Wagner R E, Weber W E. Wagner's Law, fiscal institutions, and the growth of government [J]. National Tax Journal, 1977, 30 (1): 59 – 68.

后　　记

从规模角度研究行政管理、国家治理的想法，源于笔者 2011 年以来对美国、法国、意大利、卡塔尔、缅甸、毛里求斯等多国及我国国内多个地区的访问和调研。通过国内外对国内外各地区行政体系、治理体系的比较，发现各个国家和地区具有显著差异的治理规模是影响治理体系运行不可忽视的一个客观变量。从治理供给和需求看，治理规模是治理需求端，组织机构规模、人员规模等治理资源供给是治理供给端。达成治理需求与治理供给的匹配，实现治理规模与治理资源规模相适应，是实现治理科学化、现代化的一个重要客观条件、一个重要的衡量尺度。

在这样的理论背景下，笔者将治理规模与治理资源规模相适应的观点应用到基层治理分析中，进行了探索性的研究。感谢中国社会科学院大学邀请，笔者在 2022 年"第一届中国之治·基层治理创新论坛"在线会议上发表了实现基层治理资源梯度性规模适配的方案，即从需求和供给看，基层治理科学化需要实现基层治理规模与基层治理资源配置的适配；针对严重不适配地区，应该适当提高治理规模调整的弹性，建立资源差异化配置机制，或者以试点推进改革赋权，优化基层治理。

本书受到国家发改委委托中央党校重点科研项目"改革中'最先一公里'问题研究"的资助，感谢课题主持人张伟教授的鼓励与支持。感谢中央党校（国家行政学院）公共管理教研部领导和全体老师，教研部集体备课、开会的观点碰撞与交流对本研究深有助益。感谢经济科学出版社崔新艳女士、胡成洁女士在书稿编辑中的辛勤劳动和付出。从规模视角研究国家治理现代化还涉及许多领域和多种路径，比如政府治理、社会治理、城市治理、乡村治理、单位治理、行业治理等。本书仅仅是从规模视角研究国家治理现代化的一个初步尝试。由于本人学术能力有限，如存在商榷之处，请读者海涵，文责作者自负。

中央党校 **76** 号楼

2022 年 **6** 月 **5** 日